统计学习题册

（第二版）

TONGJIXUE XITICE

（DIERBAN）

主　　编　王利娟
副主编　李　梨　马　雨
参编人员（按姓氏笔画为序）
孙　皓　苟靠敏
唐　燕　熊　萍

西南财经大学出版社
Southwestern University of Finance & Economics Press
中国·成都

图书在版编目(CIP)数据

统计学习题册/王利娟主编;李梨,马雨副主编.—2版.—成都:西南财经大学出版社,2022.9
ISBN 978-7-5504-4369-3

Ⅰ.①统… Ⅱ.①王…②李…③马… Ⅲ.①统计学—高等学校—习题集
Ⅳ.①C8-44

中国版本图书馆CIP数据核字(2022)第156900号

统计学习题册(第二版)
主　编:王利娟
副主编:李　梨　马　雨

策划编辑:邓克虎
责任编辑:邓克虎
责任校对:乔雷
封面设计:何东琳设计工作室
责任印制:朱曼丽

出版发行	西南财经大学出版社(四川省成都市光华村街55号)
网　　址	http://cbs.swufe.edu.cn
电子邮件	bookcj@swufe.edu.cn
邮政编码	610074
电　　话	028-87353785
照　　排	四川胜翔数码印务设计有限公司
印　　刷	郫县犀浦印刷厂
成品尺寸	170mm×240mm
印　　张	7.5
字　　数	113千字
版　　次	2022年9月第2版
印　　次	2022年9月第1次印刷
印　　数	1—3000册
书　　号	ISBN 978-7-5504-4369-3
定　　价	25.00元

第二版前言

统计学是普通高等学校本科财经类专业开设的一门公共基础课程。本习题册以非统计类专业的统计学教学大纲为依据，在编写上力求难度适中、题型多样、知识点涵盖广，适合作为财经类院校非统计类专业统计学课程学习的辅助工具书。

本习题册自2016年第1版出版以来，因已不能较好地满足统计学课程改革需求，编者借2022年暑期之际，组织统计学课程组教师进行更新编撰，以期更好地满足同学们统计学课程的学习。

本次修订由王利娟统筹安排，整合编撰。其中，第一章由王利娟与孙皓共同修订审核，第二章由唐燕与马雨共同修订审核，第三章由熊萍与王利娟共同修订审核，第四章由王利娟与苟靠敏共同修订审核，第五章由苟靠敏与熊萍共同修订审核，第六章由马雨与唐燕共同修订审核，第七章由孙皓与王利娟共同修订审核，第八章由王利娟修订审核。

由于时间仓促，加之编者学识有限，书中不足之处在所难免，恳请各位同行与读者不吝批评指正。

编者

2022年7月于重庆财经学院经济学院

第一版前言

统计学是普通高等学校本科财经类专业开设的一门公共基础课程。本习题册基于统计学教材，在编写上力求难度适中、题型多样、知识点涵盖广，适合作为普通高等院校财经类各专业统计学课程学习的辅助工具书。

本习题册由王利娟统筹安排，并进行整合编撰。其中，第一章和第四章由王利娟负责编写；第二章和第五章由李梨负责编写；第三章和第七章由马雨负责编写；第六章和第八章由毛琳负责编写。

由于时间仓促，加之编者学识有限，书中不足之处在所难免，恳请各位同行与读者不吝批评与指正。

编者

2016年

目　录

第一章 导论

一、单项选择题

1. 英国的威廉·配第是（　　）的创始人。

A. 国势学派

B. 政治算术学派

C. 数理统计学派

D. 社会统计学派

2. 统计学的研究对象是（　　）。

A. 大量现象的数量特征和数量关系

B. 统计学的规律和方法

C. 统计活动的规律和方法

D. 现象的规律和方法

3. 统计学的研究特点是（　　）。

A. 大量性、同质性、差异性

B. 数量性、综合性、具体性

C. 数量性、社会性、工具性

D. 数量性、总体性、变异性

4. 构成统计总体的基础和前提是（　　）。

A. 综合性

B. 同质性

C. 大量性

D. 变异性

5. 统计总体的特点是（　　）。

A. 大量性、同质性、差异性

B. 大量性、综合性、具体性

C. 数量性、社会性、工具性

D. 数量性、同质性、差异性

6. 要了解某班 50 名学生的学习情况，则总体是（　　）。

A. 该班 50 名学生

B. 该班 50 名学生的学习成绩

C. 该班每一名学生

D. 该班每名学生的学习成绩

7. 要了解某班 50 名学生的学习情况，则总体单位是（　　）。

A. 该班 50 名学生

B. 该班每一名学生

C. 该班 50 名学生的学习情况

D. 该班每一名学生的学习情况

8. 以下统计研究分析中，应用描述统计分析方法无法得到研究结果的是（　　）。

A. 刻画一组数据的平均水平（求均值）

B. 通过绘制统计图表展示数据基本特征

C. 基于有限样本信息，对总体均值进行估计

D. 刻画一组数据的波动性（求标准差或方差）

9. 抽取部分产品进行合格率检验，所使用的统计方法属于（　　）。

A. 推断统计法

B. 描述统计法

C. 统计指数法

D. 统计分组法

10. 以下选项中，属于品质变量的是（　　）。

A. 客流量

B. 确诊病例数

C. 储蓄额

D. 信用等级

11. 年龄是（　　）。

A. 变量值

B. 品质变量

C. 离散型变量

D. 连续型变量，但在应用中常作为离散型变量处理

12. 某学生统计学考试成绩为75分，则“75”为（　　）。

A. 数值变量

B. 统计学成绩这个变量的观测值

C. 数值变量

D. 数量标志

13. 连续型变量取值（　　）。

A. 可以被无限分割，但无法一一列举

B. 无法被无限分割，但能一一列举

C. 无法被无限分割，且无法被一一列举

D. 可以被无限分割，且可以一一列举

14. 某生产班组四名工人月工资收入分别是785元、860元、1 015元和1 200元，这4个数字是（　　）。

A. 品质标志值

B. 数量标志值

C. 数量标志

D. 品质标志

15. 某班三名学生统计学的考试成绩分别是76分、85分和92分，这里的

"统计学成绩"是（　　）。

A. 数量标志值

B. 品质标志值

C. 数量标志

D. 品质标志

16. 某企业职工张三的专业为经济统计学，则"专业"是（　　）。

A. 品质标志

B. 数量标志

C. 品质标志值

D. 数量标志值

17. 以下有关变量、标志、指标的说法，错误的是（　　）。

A. 标志就是刻画总体单位属性和特征的变量

B. 标志以总体单位为刻画对象

C. 标志与指标毫无关系

D. 指标以总体为刻画对象

18. 名义级数据（　　）。

A. 可用来比较大小

B. 可以进行加减乘除四则运算

C. 只能进行分类

D. 可以进行加减运算

19. 序次级数据（　　）。

A. 可用来比较大小、分类

B. 可以进行加减乘除四则运算

C. 只能进行分类

D. 可以进行加减运算

20. 比率级数据（　　）。

A. 只能比较大小

B. 可以进行加减乘除四则运算

C. 只能分类

D. 只能进行加减运算

二、多项选择题

1. 下列选项中，属于推断统计学研究内容的是（ ）。

A. 回归分析

B. 抽样估计

C. 数据搜集

D. 数据整理

E. 假设检验

2. 下列选项中，说法正确的是（ ）。

A. 描述统计学是现代统计学的核心

B. 推断统计学是现代统计统的核心

C. 描述统计学是现代统计学的基础

D. 推断统计学是现代统计学的基础

E. 两者相辅相成，缺一不可

3. 统计一词的三层含义（ ）。

A. 统计学

B. 统计工作

C. 统计资料

D. 统计设计

E. 统计分析

4. 总体和总体单位不是固定不变的，随着研究目的的不同（ ）。

A. 总体可以转化为总体单位

B. 总体单位可以转化为总体

C. 只能是总体转化为总体单位

D. 只能是总体单位转化为总体

E. 总体和总体单位可以相互转化

5. 以某市 15 个大型企业为研究总体，对其 2021 年总产值进行平均，这是对（　　）。

A. 15 个变量值求平均

B. 15 个变量求平均

C. 15 个数量标志求平均

D. 15 个指标求平均

E. 产值这个数量标志的 15 个具体表现求平均

6. 下列选项中，属于数值变量的是（　　）。

A. 价格

B. 销量

C. 产品等级

D. 利润

E. 成本

7. 下列选项中，属于连续型变量的是（　　）。

A. 消费价格指数

B. 农产品产量（吨）

C. 产品合格率

D. 工人人数

E. 商品库存量（台）

8. 下列变量中，属于离散型变量的是（　　）。

A. 企业户数

B. 单位产品工时消耗量

C. 滴滴里程数（千米）

D. 设备利用率

E. 馆藏图书量（本）

9. 2021 年对某市所有工业企业进行调查，属于统计指标的是（　　）。

A. 某工业企业年度产值

B. 全市工业企业年度总产值 1.2 亿元

C. 全市工业企业年末机床台数 7 500 台

D. 某工业企业年末机床台数

E. 全市工业企业年末职工人数 10 万人

10. 下列选项中，属于比率级数据的是（　　）。

A. 摄氏温度

B. 日销售量

C. 海拔

D. 月产量

E. 民族

三、填空题

1. 统计学是一门研究如何__________、__________、__________、__________和__________统计数据的__________学科。

2. 从统计方法的构成来看，统计学可以分为__________和__________。

3. 从统计研究内容的侧重点来看，统计学可以分为__________和__________。

4. 统计学的研究对象是大量现象的数量方面，包括__________和__________。

5. 凡是客观存在的，在__________基础上结合起来的许多个别事物的整体就是总体。

6. 总体中所包含的总体单位数称为__________，常用大写字母 N 表示。

7. 构成总体的个别事物称作__________，它是组成总体的__________。

8. 统计总体和总体单位的确定，要视研究的__________和__________而定。

9. 按总体单位数量是否为有限个进行区分，将总体分为__________总体和__________总体。

10. 我们研究居民家庭生活质量时，全部居民家庭便构成__________，而每个居民家庭则是__________。

11. 数值变量按取值特点不同，可分为__________变量和__________变量。

12. 工厂的设备台数、工厂的人数属于__________变量，而人的身高、体重属于__________变量。

13. 标志按其表现形式不同，分为__________标志和__________标志。

14. 工人的月工资水平、工厂设备价值属于__________标志，而工人的性别、设备种类属于__________标志。

15. 指标和标志的区别之一是：指标说明__________特征，而标志则说明__________特征。

四、简答题

1. 简述“统计”一词的三种含义，以及其两两之间的关系。

2. 统计学与数学有何区别与联系？

3. 标志可以按不同的角度划分成不同的种类，请简述至少两个不同的划分角度以及各自的分类情况，并举例说明。

五、参考答案

（一）单项选择题

1—5 B A D B A 6—10 A B C A D

11—15 D B A B C 16—20 A C C A B

（二）多项选择题

1. ABE 2. BCE 3. ABC 4. ABE 5. AE

6. ABDE　7. ABC　8. AE　9. BCE　10. BD

（三）填空题

1. 搜集、整理、显示、描述、分析、方法论
2. 描述统计学、推断统计学
3. 理论统计学、应用统计学
4. 数量特征、数量关系
5. 同一性质
6. 总体容量
7. 总体单位、基本单位
8. 目的、范围
9. 有限、无限
10. 总体、总体单位
11. 连续型、离散型
12. 离散型、连续型
13. 数量、品质
14. 数量、品质
15. 总体、总体单位

（四）简答题

1. 答："统计"一词的三种含义：

（1）统计工作：即统计实践活动，是指收集、整理、分析统计数据，并探索数据的内在数量规律性的活动过程。

（2）统计资料：即统计工作的成果，它是统计活动过程所获得的各种数字资料和其他资料的总称。

（3）统计学：是指阐述统计工作基本理论和基本方法的科学，是对统计工作实践的理论概括和经验总结。

"统计"三种含义两两之间的关系：

（1）统计学与统计工作是理论与实践的关系。

（2）统计工作和统计资料是过程与结果的关系。

（3）统计资料和统计学是研究对象与方法的关系。

2. 答：

联系：数学与统计学都不能独立地直接研究和探索客观现象的规律，而是为各学科提供了一种研究和探索客观规律的数量方法。

区别：

（1）数学只是为统计理论和统计方法的发展提供数学基础，而统计学的主要特征是研究数据。

（2）数学研究的是抽象的数量规律，而统计学则是研究具体的、实际现象中的数量规律。

（3）数学研究所使用的是纯粹的演绎，而统计学则是演绎与归纳相结合，并以归纳为主导。

3. 答：

（1）按标志的表现形式不同，可以分为品质标志和数量标志。品质标志表示事物的质的特性，如职工的性别、民族、工种等。数量标志表示事物的量的特性，如职工年龄、工资、工龄等。

（2）在选定的标志下，按各单位的具体表现是否相同，可以分为不变标志和可变标志。如果在选定的标志下，各单位的具体表现都相同，就成为不变标志。如在“职业”这个标志下，如果每个人的答案都是教师，那么这时“职业”就是不变标志。如果在选定的标志下，各单位的具体表现不完全相同（至少有一个不同），此时形成可变标志。如教师总体中，每个人的“教龄”不完全相同，此时“教龄”便是可变标志。

第二章 统计数据的调查与收集

一、单项选择题

1. 获取统计数据最重要的直接来源是（　　）。

A. 上网查询

B. 统计调查

C. 统计年鉴

D. 阅读书报

2. 财政部网站公布的数据属于（　　）。

A. 第一时间数据

B. 第一手数据

C. 第二时间数据

D. 第二手数据

3. 二手数据的优点是（　　）。

A. 采集数据的成本低，收集比较困难

B. 采集数据的成本低，收集比较容易

C. 数据缺乏可靠性

D. 不适合自己研究的需要

4. 调查者把调查表通过邮寄等通信方式交给被调查者，由被调查者填写后寄回调查者以取得统计资料来进行统计调查的方法属于（　　）。

A. 调查法

B. 报告法

C. 通信法

D. 自填法

5. 在通过科学实验获得统计数据的过程中，不属于实验设计原则的是（　　）。

A. 随机原则

B. 精简原则

C. 对照原则

D. 重复原则

6. 确定统计调查方案的首要问题是（　　）。

A. 确定调查目的

B. 确定调查对象

C. 确定调查时间

D. 确定调查项目

7. 在统计调查中，调查标志的承担者是（　　）。

A. 调查对象

B. 调查单位

C. 填报单位

D. 调查表

8. 填报单位是指（　　）。

A. 调查项目的承担者

B. 构成调查对象的具体单位

C. 负责向上级报告调查内容的单位

D. 总体单位

9. 要对某工厂生产设备状况进行调查，则某工厂“全部生产设备”是（　　）。

A. 调查对象

B. 调查单位

C. 报告单位

D. 调查项目

10. 某省调查 10 所高校在校学生的月生活费情况，则调查单位是（　　）。

A. 10 所高校

B. 10 所高校的每位在校学生

C. 每所学校在校学生的月生活费

D. 每所学校的全部在校学生

11. 下列调查中，调查单位与填报单位一致的是（　　）。

A. 设备调查

B. 炼钢设备调查

C. 城市食品部门食品质量调查

D. 工业企业现状调查

12. 调查时间是（　　）。

A. 调查工作的期限

B. 调查资料所属的时间

C. 标准时间

D. 调查登记的时间

13. 普查的标准时点是（　　）。

A. 调查人员进行登记时的统一时刻

B. 普查登记工作所进行的时间

C. 普查工作的期限

D. 以上三个时间概念都不对

14. 某市工业企业 2021 年生产经营成果年报呈报时间规定在 2022 年 1 月 31 日，则调查期限为（　　）。

A. 一日

B. 一个月

C. 一年

D. 一年零一个月

15. 调查表的构成不包括（　　）。

A. 表头

B. 表体

C. 表脚

D. 表尾

16. 问卷调查的主体内容是（　　）。

A. 填写说明

B. 调查事项

C. 说明信

D. 被调查者的基本情况

17. 一家公司的人力资源部主管需要研究公司雇员的饮食习惯，改善公司餐厅的现状。他将问卷发给就餐者，填写后再收上来。他收集数据的方法属于（　　）。

A. 自填式问卷调查

B. 面访式问卷调查

C. 实验调查

D. 观察式调查

18. 统计调查按调查对象包括的范围分类，可分为（　　）。

A. 统计报表和专门调查

B. 全面调查和非全面调查

C. 经常性调查和一次性调查

D. 普查和抽样调查

19. 经常性调查与一次性调查的划分依据是（　　）。

A. 调查登记的时间是否连续

B. 调查的组织形式

C. 调查单位包括的范围是否全面

D. 调查资料的来源

20. 全面调查与非全面调查中的“全面性”是指（ ）。

A. 调查内容全

B. 调查单位全

C. 调查时间全

D. 调查地点全

21. 区分全面调查和非全面调查的标志是（ ）。

A. 最后取得的结果是否反映总体特征的全面资料

B. 调查组织方式不同

C. 收集资料的方法不同

D. 调查对象包括的范围不同

22. 统计报表按报送单位不同，可分为（ ）。

A. 全面统计报表和非全面统计报表

B. 月、季、半年、年报

C. 基层报表和综合统计报表

D. 国家、部门和地方报表

23. 人口普查属于（ ）。

A. 非全面调查

B. 抽样调查

C. 非专门调查

D. 全面调查

24. 2020年我国开展了第七次人口普查，下列相关叙述中错误的是（ ）。

A. 人口普查是一种全面调查

B. 由于人口太多，可以根据原有数据进行估算

C. 普查过程中要如实记录各项数据

D. 普查前要制订合理的普查方案

25. 重点调查中的“重点单位”是指（ ）。

A. 这些单位的数量占总体全部单位数的很大比重

B. 这些单位是工作重点

C. 人为主观选择的单位

D. 这些单位的标志总量占总体标志总量的绝大部分

26. 对占煤炭开采量95%的大矿井进行劳动生产率调查，这是（　　）。

A. 全面调查

B. 抽样调查

C. 重点调查

D. 典型调查

27. 对一批商品进行质量检验，最适宜采用的调查方法是（　　）。

A. 全面调查

B. 抽样调查

C. 典型调查

D. 重点调查

28. 抽样调查与典型调查的根本区别在于（　　）。

A. 调查的范围不同

B. 选取调查单位的方法不同

C. 组织方式不同

D. 作用不同

29 区别重点调查与典型调查的主要标志是（　　）。

A. 调查单位的多少

B. 调查项目的多少

C. 调查单位的选取标准不同

D. 调查的组织形式不同

30. 调查过程由于调查者或被调查者的人为因素所造成的误差称为（　　）。

A. 随机性误差

B. 系统性误差

C. 登记性误差

D. 非系统性误差

二、多项选择题

1. 获取统计数据是统计工作的基础性环节，统计数据必须满足（　　）。

A. 准确性

B. 客观性

C. 数量性

D. 及时性

E. 完整性

2. 以下数据中，属于第二手数据的有（　　）。

A. 某企业对商品库存进行盘点得到的存货量

B. 专业调查机构发布的数据

C.《重庆统计年鉴》中的数据

D. 自己通过设计完成实验获取的数据

E. 中国人民银行网站上公布的汇率

3. 在统计调查中，收集数据的方法有（　　）。

A. 直接观察法

B. 报告法

C. 采访法

D. 网上调查法

E. 通信法

4. 通过实验设计来获取数据是收集数据的另一直接来源，实验设计的原则有（　　）。

A. 随机原则

B. 重要原则

C. 对照原则

D. 重复原则

E. 精确原则

5. 统计调查对象是指（　　）。

A. 由若干个性质相同的调查单位组成

B. 总体单位

C. 统计总体

D. 个体

E. 所要研究的现象总体

6. 下列调查中，调查单位与填报单位不一致的有（　　）。

A. 关于全国煤矿企业产煤设备的情况调查

B. 全国工业企业的生产情况调查

C. 学校教学设备普查

D. 农村家庭生活水平调查

E. 城市食品部门食品质量调查

7. 我国工业企业设备普查中（　　）。

A. 每台设备是调查单位

B. 每台设备是填报单位

C. 每台设备是调查对象

D. 每个工业企业是填报单位

E. 所有设备是调查对象

8. 下列统计调查中，调查单位与填报单位一致的是（　　）。

A. 工业企业设备普查

B. 零售商店调查

C. 生产设备调查

D. 工业企业普查

E. 炼钢设备调查

9. 统计调查表的形式一般有（　　）。

A. 一览表

B. 单一表

C. 综合表

D. 明细表

E. 汇总表

10. 我国第七次人口普查规定的标准时间是 2020 年 11 月 1 日 0 时，下列哪些人口现象应计算在人口总数之内（　　）。

A. 2019 年 11 月 1 日出生的 1 岁孩童

B. 2020 年 11 月 1 日出生的婴儿

C. 2020 年 10 月 31 日 21 时出生，11 月 1 日 8 时死亡的婴儿

D. 2020 年 10 月 31 日 3 时死亡的人口

E. 2020 年 11 月 1 日死亡的人口

11. 统计调查方案中，调查工作的组织实施有（　　）。

A. 调查机构和调查人员的组织

B. 调查方式和方法

C. 报送资料的方法

D. 经费的预算及开支办法

E. 调查前的准备工作

12. 调查问卷的主要形式有（　　）。

A. 全面式

B. 开放式

C. 自由式

D. 封闭式

E. 半开放式

13. 一份完整的调查问卷包括（　　）。

A. 问卷的题目

B. 说明信

C. 被调查者的基本情况

D. 调查事项

E. 填写说明

14. 统计报表要（　　）。

A. 自上而下统一布置

B. 自下而上逐级填报

C. 按照规定的报送时间报出

D. 按照统一的表式和项目填报

E. 可根据实际情况自行修改报送程序

15. 统计专门调查包括（　　）。

A. 统计报表

B. 抽样调查

C. 普查

D. 重点调查

E. 典型调查

16. 普查和统计报表两种调查方式（　　）。

A. 可以都是全面调查

B. 都是经常性调查

C. 调查对象都要根据调查目的选择

D. 都是专门组织的一次性调查

E. 普查资料可以采用统计报表形式收集

17. 我国进行的七次人口普查属于（　　）。

A. 全面调查

B. 非全面性调查

C. 专门调查

D. 经常性调查

E. 一次性调查

18. 下列统计调查中，不属于全面调查的有（　　）。

A. 调查我校学生每周上自习的时间情况，从每个班级随机抽取 5 名同学进行询问

B. 工商银行龙洲湾支行对所有职工基本情况进行调查

C. 某校搬迁新校区时，对老校区教学设备的普查

D. 2018 年的第四次全国经济普查

E. 为了掌握全国钢铁生产的基本情况，选择产钢量占有 90% 比重的首钢、鞍钢、宝钢、武钢等我国十大钢铁企业进行调查

19. 下列统计调查中，应使用抽样调查的有（　　）。

A. 雷士照明检验新产的一批节能灯管的使用寿命

B. 重庆财经学院 2021 级经济统计 1 班学生月生活费

C. 重庆市居民使用的手机价格调查

D. 全国在校大学生每周上自习的时间

E. 新世纪超市每月对库存货物的盘点

20. 统计调查误差中，可以避免的误差类型有（　　）。

A. 登记性误差

B. 代表性误差

C. 系统性误差

D. 随机性误差

E. 全面性误差

三、判断题

1. 中华人民共和国国家统计局网站公布的数据是第二手数据。（　　）

2. 直接观察法能保证资料的真实性和可靠性，因而在进行大规模调查时，应采用这种方法。（　　）

3. 观察法可获得大量真实的第一手资料，但要花费大量的人力、物力、财力和时间。（　　）

4. 调查对象是调查项目的承担者。（　　）

5. 调查单位是调查项目的承担者。（　　）

6. 填报单位与调查单位有时一致，有时不一致。（　　）

7. 调查单位是标志的承担者，标志是依附于调查单位的。（ ）

8. 一般来说，调查项目较多时宜使用一览表，调查项目少时宜使用单一表。（ ）

9. 单一表能容纳较多的标志，因而能把许多单位的资料填列于一张表中，这有利于比较和分析。（ ）

10. 调查时间是调查工作所经历的时间。（ ）

11. 一般而言，全面调查的结果更全面、准确，所以得到普遍应用。（ ）

12. 全面调查是指对调查单位的所有问题都进行调查。（ ）

13. 对统计总体中的全部单位进行调查称为全面调查。（ ）

14. 普查和重点调查属于专门调查。（ ）

15. 在对现象进行分析的基础上，有意识地选择若干具有代表性的单位进行调查，这种调查属于重点调查。（ ）

16. 抽样调查是从调查对象总体中运用随机原则抽取一部分调查单位构成样本。（ ）

17. 典型调查中典型单位的选取不遵循随机原则。（ ）

18. 重点调查是指为了某一特定的目的，按照随机原则从总体中抽取一部分单位组成样本进行调查，并根据对这部分单位调查的结果，从数量上推断总体的特征。（ ）

19. 登记性误差只在全面调查中存在，在非全面调查中不存在。（ ）

20. 随机性误差是由于随机因素引起的误差，是不可避免的。（ ）

四、简答题

1. 简述统计数据的来源。

2. 某调查小组要调查某高校大学生关于考研和就业的想法，调查实施之前要设计统计调查方案。请简述统计调查方案的主要内容。

3. 什么是调查对象、调查单位与报告单位？

4. 调查问卷的基本结构主要包括哪些？

5. 为了了解全国钢铁生产的基本情况，选择我国十大钢铁企业进行重点调查。请简述重点调查与典型调查的概念及两者的区别。

五、参考答案

（一）单项选择题

1—5　B D B C B　6—10　A B C A B

11—15　D B D B D　16—20　B A B A B

21—25　D C D B D　26—30　C B B C C

（二）多项选择题

1. ADE　2. BCE　3. ABCDE　4. ACD　5. ACE

6. ACE　7. ADE　8. BD　9. AB　10. ACE

11. ABCDE　12. BDE　13. ABCDE　14. ABCD　15. BCDE

16. ACE　17. ACE　18. AE　19. ACD　20. AC

（三）判断题

1—5　√ × √ × √　6—10　√ √ × ×　×

11—15　× × √ √ ×　16—20　√ √ × × √

（四）简答题

1. 答：统计数据的来源包括直接来源和间接来源。

（1）直接来源又称为原始资料或第一手数据，指通过统计调查或实验活动直接获取的第一手数据资料。

（2）间接来源又称为第二手数据，指通过其他渠道获取的、别人调查或实验后已经加工、整理过的第二手数据资料。

2. 答：完整的统计调查方案包括六方面内容：

（1）确定调查目的。

（2）确定调查对象和调查单位。

（3）拟定调查提纲，即调查项目。

（4）制定调查表。

（5）确定调查时间和调查期限。

（6）调查工作的组织实施。

3. 答：

（1）调查对象是指所要研究的现象总体，由若干个性质相同的调查单位构成，即统计总体。

（2）调查单位是指构成调查对象的个体，是调查时要登记其具体特征的单位，是调查登记标记的承受者，也是调查项目的承担者。

（3）报告单位又称填报单位，是指负责向上级报告调查内容、提交调查资料的单位。

4. 答：调查问卷的基本结构主要包括问卷的题目、说明信、被调查者的基本情况、调查事项和填写说明等。

5. 答：

（1）概念：

①重点调查是一种非全面调查，是指从所要调查的全部单位中选择一部分重点单位进行调查，借以从数量上说明总体的基本情况。

②典型调查是指根据调查的目的和任务，在对调查对象进行初步分析的基础上，有意识地选取若干具有代表性的或有典型意义的单位进行调查。

（2）区别：

①单位的选取方法不同：重点单位是客观存在的、在总体中具有举足轻重地位的那些单位，即其标志总量在所研究的总体中占据绝大比重。典型单位是有意识选取的、具有代表性的单位。

②调查目的不同：重点调查的目的是为了掌握事物发展变化的基本情况。典型调查的目的是估计总体近似值。

第三章 统计数据的整理与显示

一、单项选择题

1. 统计数据整理（　　）。

A. 只针对原始资料

B. 只针对二手资料

C. 既针对原始资料，又针对二手资料

D. 既不针对原始资料，也不针对二手资料

2. 统计分组具有两方面的含义：其中“分”是指（　　）。

A. 将总体区分为性质相同的若干部分

B. 将总体区分为性质不同的若干部分

C. 将总体单位区分为性质相同的若干部分

D. 将总体单位区分为性质不同的若干部分

3. 统计分组的关键问题是（　　）。

A. 确定组距和组数

B. 确定全距和组数

C. 确定分组标志和划分各组界限

D. 确定组距和组中值

4. 对职工收入状况进行分组研究，选择（　　）作为分组标志最合适。

A. 职工月收入

B. 职工年龄

C. 职工受教育程度

D. 职工工龄

5. 对离散型变量进行统计分组（　　）。

A. 只能用组距式分组

B. 只能用单项式分组

C. 既能用单项式分组，也能用组距式分组

D. 既不能用单项式分组，也不能用组距式分组

6. 连续组距式分组，前一组的上限和后一组的下限（　　）。

A. 必须重叠

B. 互不影响

C. 不能重叠

D. 可以重叠，也可以不重叠

7. 按连续型变量分组，第一组 55～65，第二组 65～75，第三组 75～85，第四组 85 以上，则数据（　　）。

A. 65 在第一组

B. 75 在第二组

C. 75 在第三组

D. 85 在第三组

8. 组距和组数是组距数列中的一对基本要素。当变量的全距一定时，组距和组数（　　）。

A. 有反向关系

B. 有正向关系

C. 关系不确定

D. 两者毫无关系

9. 某企业职工按工资水平分为 4 组：500 元以下、500～600 元、600～700 元、700 元以上。第一组和第四组的组中值分别是（　　）。

A. 450 元和 750 元

B. 500 元和 700 元

C. 400 元和 800 元

D. 500 元和 750 元

10. 关于统计分组，下列说法中正确的是（　　）。

A. 缺下限的开口组组中值的计算公式是：下限+（邻组组距÷2）

B. 开口组组距以其邻近组的组距为准

C. 缺上限的开口组组中值的计算公式是：下限-（邻组组距÷2）

D. 开口组组距以任意组的组距为准

11. 在分配数列中，频率是指（　　）。

A. 各组次数占总次数的百分比

B. 分布在各组的总体单位数

C. 各组次数之比

D. 各组频数与组距之比

12. 按（　　）所得的分配数列，属于品质分配数列。

A. 日均客流量对商场分组

B. 日产量对工人分组

C. 月销售额对抖音直播间分组

D. 题材种类对影片进行分组

13. 将某班统计学期末考试成绩分为 5 组：60 分以下的有 5 人，60 分至 70 分的有 12 人，70 分至 80 分的有 23 人，80 分至 90 分的 8 人，90 分以上的有 2 人。计算 70 分至 80 分的向上累计频数是（　　）。

A. 23

B. 40

C. 33

D. 17

14. 统计表的横行标题表示各组的名称，一般应写在统计表的（　　）。

A. 上方

B. 左边

C. 右边

D. 均可以

15. 统计表的纵栏标题，一般用来展示（　　）。

A. 统计总体

B. 统计指标的名称

C. 各组的名称

D. 统计表的名称

二、多项选择题

1. 统计数据整理的内容一般包括（　　）。

A. 对统计资料进行汇总

B. 对原始资料进行审核

C. 编制统计表

D. 对统计资料进行分组处理

E. 绘制统计图

2. 下列分组处理中，按品质标志分组的是（　　）。

A. 按工龄对某企业职工进行分组

B. 按体重对新生儿进行分组

C. 按职称对某高校教师进行分组

D. 按户口所在地对大一新生进行分组

E. 按受教育程度对新入职的员工进行分组

3. 下列分组处理中，按数量标志分组的是（　　）。

A. 将企业按销售计划完成程度分组

B. 将学生按健康状况分组

C. 将工人按日产量分组

D. 将消费者按月收入水平分组

E. 将企业按注册地分组

4. 选择分组标志时应考虑的因素有（ ）。

A. 统计研究目的或分组目的

B. 标志能否反映现象本质特征

C. 总体规模 N（样本容量 n）

D. 现象所处的客观历史条件

E. 现象所处的具体经济条件

5. 将某企业 500 名职工按月工资分组：1 000 元以下、1 000~2 000 元、2 000~3 000 元、3 000~4 000 元、4 000 元以上。以下说法正确的是（ ）。

A. 分组标志为连续型变量

B. 相邻组的组限重叠

C. 属于等距分组

D. 某职工工资为 1 000 元，应归属“1 000 元以下”

E. 异距分组

6. 在组距分组中，有关组中值的说法正确的是（ ）。

A. 各组上限和下限的简单平均

B. 各组上限与下限范围内的中位数

C. 用来代表各组实际取值的一般水平

D. 等于各组实际取值的平均水平

E. 开口组组中值无法确定

7. 在分配数列中（ ）。

A. 总次数一定，频数和频率成反比

B. 总次数一定，频数和频率成正比

C. 各组频率大于等于 0

D. 各组的频率之和等于 100%

E. 各组的频数之和等于 100%

8. 次数分布的主要类型为（ ）。

A. 钟型分布

B. U 型分布

C. 正J型分布

D. 反J型分布

E. S型分布

9. 统计表从构成要素上看，一般包括（　　）这几个部分。

A. 数据来源

B. 指标数值

C. 纵栏标题

D. 横行标题

E. 总标题

10. 统计表从内容上看由（　　）组成。

A. 总标题

B. 横行标题

C. 纵栏标题

D. 主词

E. 宾词

三、判断题

1. 统计整理是统计工作的第一阶段，也是整个统计活动得以顺利进行的必要前提。（　　）

2. 统计数据整理当中，对于统计数据的完整性审核是主要内容，准确性次之。（　　）

3. 将一个班里的所有同学分为“重庆”“外省”两组，以此来分析他们的生源地分布特征，此分析方法属于统计分组。（　　）

4. 品质分组是指根据研究目的，选择能够反映事物属性差异的品质标志为分组标志。（　　）

5. 分配数列中，分布在各组的总体单位数叫次数，也叫频率；其相对数形式称为频数。（　　）

6. 统计表中“…”表示缺失某项数据。 (　　)

7. 统计表由于是自己制作而成，故无须添加注解或数据来源。 (　　)

8. 异距数列是各组组距不完全相等的组距数列。 (　　)

9. 统计表的主词栏是说明总体各种统计指标的。 (　　)

10. 复合分组表是指主词按两个或两个以上的标志进行并列分组。 (　　)

四、简答题

1. 什么是统计整理？统计整理的步骤有哪些？

2. 对数据进行分组处理，有助于我们揭示数据内部发展规律，那么进行数据分组处理过程中应遵循哪些基本原则？

3. 什么是统计分组？统计分组有哪些作用？

4. 什么是分配数列？它有哪些种类？

5. 简述统计表的基本结构及分类。

五、计算题

1. 某公司销售人员按日销售额分组资料见下表。

日销售额/元	销售人员数/人	销售人员比重/%
2 000 以下	8	10
2 000～2 500	20	25
2 501～3 500	30	37.50
3 501～4 000	10	12.50
4 000 以上	12	15
合计	80	100

要求：

（1）指出上述变量数列的种类。

（2）指出分组中的上限、下限、组距、组中值、次数、频率。

2. 某百货公司连续40天的商品销售额如下表所示（单位：万元），做出商品销售额的茎叶图。

41	26	29	47	38	34	30	38	43	40
46	36	45	37	37	36	45	43	33	44
47	35	28	46	34	30	37	44	26	38
48	44	43	36	37	37	49	39	42	32

六、参考答案

（一）单项选择题

1—5　C B C A C　6—10　A C A A B

11—15　A D B B B

（二）多项选择题

1. ABCDE　2. CDE　3. ACD　4. ABDE　5. ABC

6. ABC　7. BCD　8. ABCD　9. BCDE　10. DE

（三）判断题

1—5　× × √ √ ×　6—10　√ × √ × ×

（四）简答题

1. 答：统计整理是指根据统计研究的目的，将统计调查所得的原始数据进行科学的分组和汇总，使之系统化、条理化的工作过程。

统计整理的步骤：

（1）设计和编制统计数据资料整理方案。

（2）对调查的统计数据进行审核，保证调查内容的完整性和准确性。

（3）统计数据的分组和汇总。

（4）将汇总整理的结果编制成统计表或统计图，以反映社会经济现象在数量方面的有关联系。

（5）做好统计数据的系统积累和保管。

2. 答：

（1）穷尽原则：总体中的每一个单位都应有组可归。

（2）互斥原则：总体中的任何一个单位只能归属于某一个组，而不能同时或可能归属于几个组。

3. 答：统计分组是指根据统计研究的目的，将统计总体按照若干个组成部分的一种统计方法。

统计分组的作用有三点：

（1）划分社会经济现象的类型。

（2）揭示社会经济现象的内部构成。

（3）分析社会经济现象之间相互依存关系。

4. 答：分配数列是在统计分组的基础上，将总体的所有单位按组归类整理，并按一定顺序排列，形成总体中各单位在各组间的分布，也称为次数分配。

根据分组标志的不同，分配数列可以分为两种：

（1）品质分配数列，按品质标志分组成为品质数列。

（2）变量分配数列，按数量标志分组成为变量数列。

5. 答：统计表从构成要素上看，由总标题、横行标题、纵栏标题、指标数值四部分构成。从内容上看，分为主词和宾词两部分。

统计表的分类：

（1）统计表按作用分为调查表、汇总表和分析表。

（2）统计表按主词分组的情况分为简单表、简单分组表和复合分组表。

（3）统计表按宾词设计的情况分为平行排列表（简单设计）和分层排列表（复合设计）。

（五）计算题

1. 解：

（1）变量数列为组距式分组。

（2）上限：2 000，2 500，3 500，4 000，4 500。

下限：1 500，2 000，2 500，3 500，4 000。

组距：第二组 500，第三组 1 000，第四组 500。

组中值：第一组 1 750，第二组 2 250，第三组 3 000，第四组 3 750，第五组 4 250。

次数：第一组 8，第二组 20，第三组 30，第四组 10，第五组 12。

频率：第一组 10%，第二组 25%，第三组 37. 5%，第四组 12. 5%，第五组 15%。

2. 解：

次数	茎 & 叶
4	2 * 5 6 8 9
6	3 * 0 0 2 3 4 4
13	3 * 5 6 6 6 7 7 7 7 7 8 8 8 9
9	4 * 0 1 2 3 3 3 4 4 4
8	4 * 5 5 6 6 7 7 8 9

第四章 综合指标与数据分布特征

一、单项选择题

1. 总量指标是反映（　　）。

A. 总体内部结构特征

B. 总体内部各组成部分之间数量联系程度

C. 现象总体规模或水平

D. 同类事物在同一时间不同空间条件下的数量对比关系

2. 总量指标以（　　）为表现形式。

A. 相对数

B. 平均数

C. 相对数或平均数

D. 绝对数或绝对差

3. 下列选项中，不属于总量指标的是（　　）。

A. 就业人数增减量

B. 国内生产总值

C. 第三产业增加值

D. 人口抚养比

4. 某地区全部零售商品作为总体，则该地区全部商品零售总额是（　　）。

A. 总量指标

B. 总体单位总量指标

C. 相对指标

D. 平均指标

5. 以某企业所有职工为研究对象，职工总人数是（　　）。

A. 相对指标

B. 总体单位总量指标

C. 平均指标

D. 总体标志总量指标

6. 以下有关总体标志总量和总体单位总量说法中错误的是（　　）。

A. 总体单位总量表示总体本身的规模大小

B. 两者可以相互转换

C. 总体标志总量指总体各单位标志值之和

D. 两者不可转换

7. 某工业企业年产量为10万件，期末库存量为3.8万件，它们是（　　）。

A. 均为时期指标

B. 均为时点指标

C. 前者是时期指标，后者是时点指标

D. 前者是时点指标，后者是时期指标

8. 我国第七次人口普查结果显示：65岁及以上人口占比为13.5%，这里的老龄化程度指标是（　　）。

A. 比较相对指标

B. 比例相对指标

C. 强度相对指标

D. 结构相对指标

9. 我国第七次人口普查结果显示：男、女人数比为1.050 7：1，这里的男女性别比是（　　）。

A. 比较相对指标

B. 比例相对指标

C. 强度相对指标

D. 结构相对指标

10. 某地区的人口密度是（　　）。

A. 平均指标

B. 比例相对指标

C. 比较相对指标

D. 强度相对指标

11. 计算计划完成程度相对数时，分子和分母的数值（　　）。

A. 只能是绝对数

B. 只能是相对数

C. 只能是平均数

D. 可以是绝对数，也可以是相对数或平均数

12. 某厂 2020 年完成产值 200 万元，2021 年计划增长 10%，实际完成 231 万元，2021 年超额完成计划（　　）。

A. 5%

B. 5. 5%

C. 15. 5%

D. 115. 5%

13. 某企业下属三家子公司 2021 年计划产值分别为 400 万元、600 万元和 500 万元。执行结果来看，计划完成程度分别为 108%、106%、108%，则三家子公司 2021 年平均计划完成程度为（　　）。

A. 107. 33%

B. 107. 20%

C. 7. 33%

D. 7. 20%

14. 用水平法检查五年计划的执行情况适用于（　　）。

A. 规定计划期初应达到的某水平

B. 规定计划期内某一期应达到某水平

C. 规定计划期末应达到某水平

D. 规定五年累计应达到某水平

15. 用累计法检查五年计划的执行情况适用于（　　）。

A. 规定计划期初应达到某水平

B. 规定计划期内某一期应达到某水平

C. 规定计划期末应达到某水平

D. 规定五年累计应达到某水平

16. 某学校所有学生为研究总体时，则学生的平均年龄是（　　）。

A. 数量标志

B. 平均指标

C. 品质标志

D. 数量指标

17. 同质总体标志变异指标反映的是（　　）。

A. 集中趋势

B. 离散程度

C. 平均水平

D. 一般水平

18. 已知 5 个水果商店香蕉的单价和销售额，要计算 5 个商店香蕉的平均单价，应该采用（　　）。

A. 简单算术平均数

B. 加权算术平均数

C. 调和平均数

D. 几何平均数

19. 对一组数据进行分析发现：算数平均数>中位数>众数，则这组数分布形式属于（　　）。

A. 对称分布

B. 正（右）偏态分布

C. 负（左）偏态分布

D. 均匀分布

20. 两组数据的平均数不等，但标准差相等，则（　　）。

A. 平均数小的，离散程度大

B. 平均数大的，离散程度大

C. 平均数小的，离散程度小

D. 两组数据离散程度相同

二、多项选择题

1. 总量指标的计量单位主要有（　　）。

A. 自然单位

B. 度量衡单位

C. 标准实物单位

D. 货币单位

E. 劳动单位

2. 下列属于时点指标的是（　　）。

A. 企业个数

B. 机器台数

C. 期末库存量

D. 某地区 1990 年年末人口数

E. 产品产量

3. 下列属于相对指标的是（　　）。

A. 结构相对指标

B. 比例相对指标

C. 比较相对指标

D. 强度相对指标

E. 动态相对指标

4. 以下有关时期指标与时点指标说法中正确的是（　　）。

A. 时期指标与时间长短无关

B. 时点指标与时间长短无关

C. 时期指标是反映现象在某一时期发展过程的总数量的指标

D. 时点指标是反映现象在某一时刻上所处状态的总量指标

E. 都属于总量指标

5. 以下有关总量指标与相对指标说法中正确的是（　　）。

A. 总量指标是计算相对指标的基础

B. 总量指标是人们认识事物的起点

C. 同一问题研究中，不能同时使用总量指标和相对指标

D. 相对指标与总量指标应结合使用

E. 总量指标和相对指标都是综合指标

6. 众数和中位数（　　）。

A. 都是位置平均数

B. 都是数值平均数

C. 都受极端值的影响

D. 都不受极端值的影响

E. 都是平均数

7. 下列需要采用调和平均数计算公式的有（　　）。

A. 已知各级工人的月工资水平及对应工资总额，求所有工人的平均工资

B. 已知各级工人的月工资水平及对应工人人数，求所有工人的平均工资

C. 已知各工厂产量计划完成程度百分比及对应实际产量，求所有工厂的平均计划完成程度百分比

D. 已知各工厂产量计划完成程度百分比及对应计划产量，求所有工厂的平均计划完成程度百分比

E. 以上都需要

8. 可以反映总体各单位标志值离散程度的指标有（　　）。

A. 极差

B. 四分位差

C. 平均差

D. 标准差

E. 离散系数

9. 对多组数据的波动性大小或平均水平代表性高低进行比较时，必须使用离散系数的是（　　）。

A. 计量单位不一致，且平均水平不一致

B. 计量单位不一致，但平均水平一致

C. 计量单位一致，但平均水平不一致

D. 计量单位一致，且平均水平一致

E. 以上都对

10. 属于非标志的方差是（　　）。

A. $q+p$

B. qp

C. $p-q$

D. $(1-p)(1-q)$

E. $p(1-p)$

三、填空题

1. 总量指标是反映社会经济现象总体规模或水平的统计指标，是计算__________和__________的基础。

2. 总量指标按其反映总体的内容不同，分为__________和__________。

3. 总量指标按其反映时间状态不同，可分为__________和__________。

4. 强度相对指标数值大小，如果与现象的发展程度或密度成正比，称为__________，反之称为__________。

5. 长期计划的检查，常用的方法有＿＿＿＿＿ 和 ＿＿＿＿＿。

6. 全距也叫＿＿＿＿＿，常用 R 表示，是一组资料的＿＿＿＿＿与＿＿＿＿＿之差。

7. 某厂生产某种产品 30 万件，其中一等品 27 万件，一等品率为＿＿＿＿＿，其是非标志的平均数为＿＿＿＿＿ 。

8. 平均差是数列中＿＿＿＿＿与＿＿＿＿＿之差的绝对值的平均数。

9. 标准差是总体各单位某一数量标志的＿＿＿＿＿与其＿＿＿＿＿的离差平方和的平均数的平方根。

10. 对多组数据的＿＿＿＿＿或＿＿＿＿＿进行对比分析时，此时通过比较多组数据的＿＿＿＿＿，最稳妥。

四、简答题

1. 总量指标按其反映时间状态不同，可以分为时期指标与时点指标，如商品销售量、库存商品数等，请简述时期指标与时点指标的区别。

2. 在我们生活中，有许多带有平均意义的指标，如人口密度、人均国内生产总值、平均工资、平均成绩，等等，这些指标中，有些是相对指标中的强度相对数，有些是算术平均数，请简述这两者的区别。

五、计算题

1. 甲、乙两企业某月生产某产品的单位成本及产量比重资料如下表所示。

产品批次	甲企业		乙企业	
	单位成本/元	产量比重/%	单位成本/元	产量比重/%
第一批	1.0	10	1.2	35
第二批	1.1	30	1.1	25
第三批	1.3	60	1.2	40

比较该月份哪个企业的单位成本高，并说明原因。

2. 某企业某月份按工人劳动生产率高低分组的资料如下表所示。

按劳动生产率分组：件/人	生产班组/个	生产工人数/人
60~70	8	50
70~80	15	100
80~90	5	80
90 以上	2	65
合计	30	295

计算该企业工人平均劳动生产率。

3. 某月甲、乙两农贸市场某农产品价格及成交量、成交额的资料如下表所示。

品种	价格：元/千克	甲市场成交额/万元	乙市场成交量/万千克
甲	1.2	1.2	2
乙	1.4	2.8	1
丙	1.5	1.5	1
合计	—	5.5	4

计算该农产品在两个市场的平均价格。

4. 甲、乙两种品种的水稻，分别试种在 4 块试验田，其产量如下表所示。

甲品种		乙品种	
田块面积/公顷	产量/千克	田块面积/公顷	产量：千克/公顷
1.2	600	1.0	500
0.8	404	1.3	520
0.5	720	0.7	530
1.3	702	1.5	466

要求：

（1）分别计算两个品种的单位面积平均产量（千克/公顷）。

（2）计算两个品种单位面积产量的标准差。

（3）计算两个品种单位面积产量的标准差系数（离散系数）。

（4）假定生产条件相同，请问哪一个品种产量具有较大稳定性，宜于推广？

5. 对成年组和幼年组各抽取100人身高资料分组，分组资料如下表所示。

成年组		幼儿组	
按身高分组/cm	人数/人	按身高分组/cm	人数/人
150~160	10	60~70	20
160~170	30	70~80	20
170~180	50	80~90	50
180以上	10	90以上	10
合计	100	合计	100

要求：

（1）分别计算成年组和幼年组身高的平均数。

（2）分别计算成年组和幼年组身高的标准差。

（3）分别计算成年组和幼年组的标准差系数（离散系数）。

（4）请问哪一组平均身高的代表性较大，为什么？

六、参考答案

（一）单项选择题

1—5　C D D A B　6—10　D C D B D

11—15　D A B C D　16—20　B B C B A

（二）多项选择题

1. ABCDE 2. ABCD 3. ABCDE 4. BCDE 5. ABDE

6. ADE 7. AC 8. ABCDE 9. ABC 10. BDE

（三）填空题

1. 相对指标、平均指标
2. 总体单位总量、总体标志总量
3. 时期指标、时点指标
4. 正指标、逆指标
5. 水平法、累计法
6. 极差、最大值、最小值
7. 0.9、0.9
8. 各单位标志值、算数平均数
9. 标志值、算数平均数
10. 平均水平代表性高低、离散程度（稳定性或平衡性）、离散系数

（四）简答题

1. 时期指标与时点指标的区别：

（1）时期指标需连续登记取得，时点指标不需要。

（2）时期指标累加具有意义，时点指标累加无意义。

（3）时期指标数值的大小受时期长短的制约，时点指标数值大小与时点间的间隔长短无关。

2. 强度相对数：

（1）由两个不同质但有联系的总体的指标数值对比求得。

（2）分子与分母不存在一一对应关系。

（3）是反映两个有联系的总体之间的数量联系。

算数平均数：

（1）是在同质总体内进行计算的。

（2）分子与分母是一一对应关系，分母是分子（标志值）的承担者。

（3）平均数是反映一般水平或集中趋势的。

（五）计算题

1. 解：

因为：$\bar{x}=\dfrac{总成本}{总产量}$

设甲、乙企业各自的总产量分别为 a 和 b

$$\bar{x}_{甲}=\frac{1\times a\times 0.1+1.1\times a\times 0.3+1.3\times a\times 0.6}{a}$$

$$=\frac{1\times 0.1+1.1\times 0.3+1.3\times 0.6}{1}=\frac{1.21}{1}=1.21(元)$$

$$\bar{x}_{乙}=\frac{1.2\times b\times 0.35+1.1\times b\times 0.25+1.2\times b\times 0.4}{b}$$

$$=\frac{1.2\times 0.35+1.1\times 0.25+1.2\times 0.4}{1}=\frac{1.175}{1}=1.175(元)$$

2. 解：

$$x=\frac{总产量}{总人数}$$

$$=\frac{65\times 50+75\times 100+85\times 80+95\times 65}{295}$$

$$=\frac{23\,725}{295}\approx 80(件/人)$$

3. 解：

因为：$\bar{x}=\dfrac{总成交额}{总成交量}$

$$\bar{x}_{甲}=\frac{1.2+2.8+1.5}{\frac{1.2}{1.2}+\frac{2.8}{1.4}+\frac{1.5}{1.5}}=\frac{5.5}{1+2+1}=\frac{5.5}{4}=1.375(元/千克)$$

$$\bar{x}_{乙}=\frac{1.2\times2+1.4\times1+1.5\times1}{2+1+1}=\frac{5.3}{4}=1.325(元/千克)$$

4. 解：

(1) $\bar{x}=\frac{总产量}{总面积}$

$$\bar{x}_{甲}=\frac{600+404+720+702}{1.2+0.8+0.5+1.3}=\frac{2\ 426}{3.8}=638.42(千克/公顷)$$

$$\bar{x}_{乙}=\frac{1\times500+1.3\times520+0.7\times830+1.5\times466}{1+1.3+0.7+1.5}$$

$$=\frac{2\ 246}{4.5}$$

$$=499.11(千克/公顷)$$

(2) $\sigma=\sqrt{\frac{\sum(x-\bar{x})^2f}{\sum f}}$

$$\sigma_{甲}=\sqrt{\frac{\sum(x-\bar{x}_{甲})^2f}{\sum f}}$$

$$=\sqrt{\frac{\left(\frac{600}{1.2}-638.42\right)^2\times1.2+\left(\frac{404}{0.8}-638.42\right)^2\times0.8+\left(\frac{720}{0.5}-638.42\right)^2\times0.5+\left(\frac{702}{1.3}-638.42\right)^2\times1.3}{3.8}}$$

$$=312.5(千克)$$

$$\sigma_{乙}=\sqrt{\frac{\sum(x-\bar{x}_{乙})^2f}{\sum f}}$$

$$=\sqrt{\frac{(500-499.11)^2\times1+(520-499.11)^2\times1.3+(830-499.11)^2\times0.7+(466-499.11)^2\times1.5}{3.8}}$$

$$=25.3(千克)$$

(3) $V=\frac{\sigma}{\bar{x}}$

$$V_{甲}=\frac{\sigma_{甲}}{\bar{x}_{甲}}=48.95\%$$

$$V_{乙}=\frac{\sigma_{乙}}{\bar{x}_{乙}}=5.07\%$$

（4）$V_{甲} > V_{乙}$，所以乙品种产量相对较稳定，适于推广。

5. 解：

（1）$\bar{x} = \frac{身高总和}{总人数}$

$$\bar{x}_{成} = \frac{155 \times 10 + 165 \times 30 + 175 \times 50 + 185 \times 10}{100} = \frac{17\,100}{100} = 171\ (\mathrm{cm})$$

$$\bar{x}_{幼} = \frac{65 \times 20 + 75 \times 25 + 85 \times 50 + 95 \times 10}{100} = \frac{8\,000}{100} = 80\ (\mathrm{cm})$$

（2）$\sigma = \sqrt{\frac{\sum (x - \bar{x})^2 f}{\sum f}}$

$$\sigma_{成} = \sqrt{\frac{\sum (x - \bar{x}_{成})^2 f}{\sum f}}$$

$$= \sqrt{\frac{(155-171)^2 \times 10 + (165-171)^2 \times 30 + (175-171)^2 \times 50 + (185-171)^2 \times 10}{100}}$$

$= 8\ (\mathrm{cm})$

$$\sigma_{幼} = \sqrt{\frac{\sum (x - \bar{x}_{幼})^2 f}{\sum f}}$$

$$= \sqrt{\frac{(65-80)^2 \times 20 + (75-80)^2 \times 20 + (85-80)^2 \times 50 + (95-80)^2 \times 10}{100}}$$

$= 9.22\ (\mathrm{cm})$

（3）$V = \frac{\sigma}{\bar{x}}$

$$V_{成} = \frac{\sigma_{成}}{\bar{x}_{成}} = 4.68\%$$

$$V_{幼} = \frac{\sigma_{幼}}{\bar{x}_{幼}} = 11.52\%$$

（4）$V_{成} < V_{幼}$，所以成年人的身高相对较稳定，因此成年人的平均身高更具代表性。

第五章 时间数列

一、单项选择题

1. 时间数列的构成要素是（　　）。

A. 变量和次数

B. 时间和指标数值

C. 时间和次数

D. 主词和宾词

2. 最基本的时间数列是（　　）。

A. 时点数列

B. 绝对数时间数列

C. 相对数时间数列

D. 平均数时间数列

3. 时间数列中，各时间上的指标数值可以相加的是（　　）。

A. 相对数时间数列

B. 时期数列

C. 平均数时间数列

D. 时点数列

4. 编制时间数列遵循的最基本原则是（　　）。

A. 可比性原则

B. 总体范围一致原则

C. 指标经济内容一致原则

D. 单位一致原则

5. 在时间数列的动态分析中，通常将所研究和反映的那一时期发展水平称为（　　）。

A. 基期水平

B. 报告期水平

C. 当期水平

D. 前期水平

6. 统计上经常将间隔较长时间登记一次指标值的时点数列称为（　　）。

A. 连续时点数列

B. 离散时点数列

C. 随机时点数列

D. 间断时点数列

7. 序时平均数中的“首尾折半法”适用于计算（　　）。

A. 时期数列

B. 间隔相等的间断时点数列

C. 间隔不等的间断时点数列

D. 由两个时期数列构成的相对数时间数列

8. 时间数列中的发展水平（　　）。

A. 只能是绝对数

B. 只能是相对数

C. 只能是平均数

D. 既可以是绝对数，也可以是相对数或平均数

9. 间断的时点数列计算序时平均数，是假定研究现象在相邻两个时点之间的变动是（　　）。

A. 间断的

B. 连续的

C. 均匀的

D. 稳定的

10. 序时平均数与一般平均数的共同点是（　　）。

A. 两者均是反映同一总体的一般水平

B. 都是反映现象的一般水平

C. 两者均可消除现象波动的影响

D. 共同反映同质总体在不同时间上的一般水平

11. 相对数时间序列中，用来对比的两个绝对数时间数列（　　）。

A. 只能是时期数列

B. 只能是时点数列

C. 只能一个是时期数列，一个是时点数列

D. 以上说法均不正确

12. 增长量是（　　）。

A. 报告期水平与基期水平之比

B. 报告期水平与基期水平之差

C. 报告期水平与基期水平之和

D. 以上说法均不正确

13. 说明现象在较长时期内发展的总速度的指标是（　　）。

A. 环比发展速度

B. 平均发展速度

C. 定基发展速度

D. 定基增长速度

14. 增长量同作为比较基准的数列水平之比，就是（　　）。

A. 总速度

B. 平均速度

C. 发展速度

D. 增长速度

15. 下列时间数列分析指标中，不取负值的是（　　）。

A. 增长量

B. 发展速度

C. 增长速度

D. 平均增长速度

16. 发展速度和增长速度的关系是（　　）。

A. 环比发展速度=定基发展速度-1

B. 增长速度=发展速度-1

C. 定基增长速度的连乘积等于定基发展速度

D. 环比增长速度的连乘积等于环比发展速度

17. 用几何平均法计算平均发展速度，它的大小取决于（　　）。

A. 最末水平的大小

B. 最初水平的大小

C. 总速度的大小

D. 各期发展水平总和的大小

18. 某单位四月、五月、六月、七月平均员工人数分别为 84 人、72 人、84 人、96 人，则第二季度该单位的月平均员工人数为（　　）。

A. 84 人

B. 80 人

C. 82 人

D. 83 人

19. 某企业某年第一季度各月月末库存额（单位：万元）为 5. 2、4. 4、4. 6，又知上年年末库存额为 4. 4。则第一季度月平均库存额为（　　）。

A. 6. 2

B. 4. 5

C. 4. 6

D. 4. 7

20. 某企业生产某种产品，其产量年年增加 5 万吨，则该产品产量的环比增长速度（　　）。

A. 年年下降

B. 年年增长

C. 年年持续不变

D. 无法做结论

21. 由一个 11 项的时间序列可以计算的环比发展速度有（　　）。

A. 11 个

B. 12 个

C. 10 个

D. 13 个

22. 某企业第一季度三个月份的实际产量分别为 510 件、600 件和 840 件，分别超计划 2%、0% 和 5%，则该厂第一季度平均完成计划的百分数为（　　）。

A. 2.6%

B. 102.6%

C. 2%

D. 5%

23. 某工程单位月初工人人数和完成工程量资料如下表所示。

月份	1	2	3	4
月初人数/人	28	31	33	32
完成工程量/平方米	2 900	3 200	3 300	3 400

则该单位第一季度月平均劳动生产率约为（　　）。

A. 115 平方米

B. 110 平方米

C. 102 平方米

D. 100 平方米

24. 已知各期环比增长速度为 2%、5%、8% 和 7%，则相应的定基增长速度的计算方法为（　　）。

A. (102%×105%×108%×107%) -100%

B. 102%×105%×108%×107%

C. 2%×5%×8%×7%

D. (2%×5%×8%×7%) -100%

25. 已知某地2006—2010年年均增长速度为10%，2011—2015年年均增长速度为8%，则这10年间的平均增长速度为（　　）。

A. $\sqrt[10]{0.1 \times 0.08}$

B. $\sqrt[10]{1.1 \times 1.08} - 1$

C. $\sqrt[10]{(0.1)^5 \times (0.08)^5}$

D. $\sqrt[10]{(1.1)^5 \times (1.08)^5} - 1$

二、多项选择题

1. 时间数列按其统计指标的性质和表现形式，分为（　　）。

A. 绝对数时间数列

B. 相对数时间数列

C. 时期数列

D. 平均数时间数列

E. 时点数列

2. 时点序列的特点有（　　）。

A. 数值大小与间隔长短有关

B. 数值大小与间隔长短无关

C. 数值相加有实际意义

D. 数值相加没有实际意义

E. 数值是连续登记得到的

3. 以下社会经济现象属于时期数列的有（　　）。

A. 某工厂十二个月的月产值

B. 某农场历年的奶牛存栏数

C. 某商业企业历年销售额

D. 某高校历年招生人数

E. 某金融机构历年年末贷款余额

4. 编制时间数列的原则是（ ）。

A. 时间上要可比

B. 总体范围要一致

C. 指标经济内容要一致

D. 指标值的计算方法和计算价格要一致

E. 指标值的计量单位要一致

5. 时间数列的水平分析指标有（ ）。

A. 发展速度

B. 发展水平

C. 平均发展水平

D. 增减量

E. 平均增减量

6. 时间数列的速度指标有（ ）。

A. 定基增长速度和环比增长速度

B. 定基发展速度和环比发展速度

C. 平均增长速度

D. 平均增长量

E. 平均发展水平

7. 平均发展水平一般也称为（ ）。

A. 平均增减量

B. 动态平均数

C. 平均增减速度

D. 序时平均数

E. 平均发展速度

8. 逐期增长量和累计增长量之间的关系是（ ）。

A. 各逐期增长量的和等于相应时期的累计增长量

B. 各逐期增长量的积等于相应时期的累计增长量

C. 两相邻时期累计增长量之差等于相应时期的逐期增长量

D. 两相邻时期累计增长量之商等于相应时期的逐期增长量

E. 两相邻时期逐期增长量之差等于相应时期的累计增长量

9. 下列说法中正确的有（　　）。

A. 平均增长速度大于平均发展速度

B. 平均增长速度小于平均发展速度

C. 平均增长速度=平均发展速度-1

D. 平均发展速度=平均增长速度-1

E. 平均发展速度×平均增长速度=1

10. 下列计算增长速度的公式中正确的有（　　）。

A. $增长速度=\frac{增长量}{基期水平}\times 100\%$

B. $增长速度=\frac{增长量}{报告期水平}\times 100\%$

C. 增长速度= 发展速度—100%

D. $增长速度=\frac{报告期水平-基期水平}{基期水平}\times 100\%$

E. $增长速度=\frac{报告期水平}{基期水平}\times 100\%$

11. 增长1%的绝对值是（　　）。

A. 逐期增长量与环比增长速度之比乘以1%

B. 逐期增长量与定基增长速度之比

C. 增长量与平均增长速度之比

D. 前期水平除以100%

E. 前期水平除以100

12. 计算平均发展速度的方法有（　　）。

A. 几何平均法

B. 简单序时平均法

C. 方程法

D. 加权序时平均法

E. 首尾折半法

13. 下列关系中正确的有（　　）。

A. 环比发展速度的连乘积等于相应的定基发展速度

B. 定基发展速度的连乘积等于相应的环比发展速度

C. 环比增长速度的连乘积等于相应的定基增长速度

D. 环比发展速度的连乘积等于相应的定基增长速度

E. 平均增长速度=平均发展速度-1

14. 定基增长速度等于（　　）。

A. 环比增长速度的连乘积

B. 累计增长量除以固定基期水平

C. 定基发展速度-1

D. 逐期增长量除以固定基期水平

E. 环比发展速度连乘积减去 100%

15. 某商业集团 2020—2021 年各季度销售资料如下表所示。

项目	2020 年				2021 年			
	1	2	3	4	1	2	3	4
1. 销售总额/百万元	40	42	38	44	48	50	40	60
2. 季初库存额/百万元	20	21	22	24	25	26	23	28
3. 物流费用/百万元	3.8	3.2	2.8	3.2	3.0	3.1	3.1	4.0
4. 物流费用率/%	9.5	7.7	7.4	7.3	6.3	6.2	7.8	6.7

上表资料中，是时期数列的有（　　）。

A. 销售总额

B. 季初库存额

C. 物流费用

D. 物流费用率

E. 表中项目均为时期数据

16. 某公司连续五年的销售额资料如下表所示。

时间	第一年	第二年	第三年	第四年	第五年
销售额/万元	1 000	1 100	1 300	1 350	1 400

根据上述资料计算的下列数据正确的有（　　）。

A. 第二年的环比增长速度=定基增长速度=10%

B. 第三年的累计增长量=逐期增长量=200 万元

C. 第四年的定基发展速度为 135%

D. 第五年增长 1%绝对值为 14 万元

E. 第五年增长 1%绝对值为 13.5 万元

17. 已知时间序列连续 5 期的环比增长速度为 3%、2%、4%、6%和 7%，则（　　）。

A. 5 期的定基增长速度为 3%×2%×4%×6%×7%

B. 5 期的定基增长速度为 103%×102%×104%×106%×107%−1

C. 5 期的平均发展速度为 $\sqrt[5]{103\% \times 102\% \times 104\% \times 106\% \times 107\%}$

D. 5 期的平均增长速度为 $\sqrt[5]{3\% \times 2\% \times 4\% \times 6\% \times 7\%}$

E. 5 期的平均增长速度为 $\sqrt[5]{103\% \times 102\% \times 104\% \times 106\% \times 107\%} - 1$

18. 影响时间数列的因素主要有（　　）。

A. 长期趋势

B. 季节变动

C. 循环变动

D. 不规则变动

E. 规则变动

19. 直线趋势方程中的参数 b 表示（　　）。

A. 趋势值

B. 趋势线的截距

C. 趋势线的斜率

D. 当 t=0 时，y_t 的数值

E. 当 t 每变动一个单位时，y_t 平均增减的数值

20. 计算季节比率通常用（　　）。

A. 同期平均法

B. 移动平均法

C. 移动平均趋势剔除法

D. 时距扩大法

E. 最小平方法

三、判断题

1. 若将某地区社会商品库存额按时间先后顺序排列，此种动态数列属于时期数列。（　　）

2. 某高校历年毕业生人数时间数列是时期数列。（　　）

3. 某企业“十三五”规划期间的产值是时点数列。（　　）

4. 时间数列的指标数值只能用绝对数表示。（　　）

5. 定基发展速度反映了现象在一定时期内发展的总速度，环比发展速度反映了现象比前一期的增长程度。（　　）

6. 若逐期增长量每年相等，则其各年的环比发展速度是年年下降的。（　　）

7. 环比速度与定基速度之间存在如下关系式：各期环比增长速度的连乘积等于定基增长速度。（　　）

8. 某企业产品产值同去年相比增加了 4 倍，即翻了两番。（　　）

9. 平均增长速度不是根据各期环比增长速度求得的，而是根据平均发展速度计算的。（　　）

10. 用水平法计算的平均发展速度只取决于最初发展水平和最末发展水平，与中间各期发展水平无关。（　　）

11. 增长量与基期发展水平指标对比，得到的是发展速度指标。 (　　)

12. 发展水平只能用绝对数表示。 (　　)

13. 若平均发展速度大于 100%，则环比发展速度也大于 100%。 (　　)

14. 当时间数列环比增长速度大体相同时，应该配合指数曲线。 (　　)

15. 平均增长速度 = 平均发展速度+1。 (　　)

四、简答题

1. 简述时间数列的概念和种类。

2. 绝对数时间数列有时期数列和时点数列两种，如 2020 年年末人口数量是时点数列，而 2020 年国内生产总值是时期数列。请简述时期数列和时点数列的区别。

3. 编制时间数列的基本原则是什么?

4. 调查 A 组通过收集某班统计学期末考试的成绩，并计算出该班统计学期末考试的平均成绩。调查 B 组通过收集 2010—2020 年我国国内生产总值，得出了 2010—2020 年的年平均国内生产总值。请简述一般平均数与序时平均数的异同点。

5. 影响时间数列的主要因素有哪些?

五、计算题

1. 某企业 2020 年 8 月几次员工数变动登记如下表所示。

单位：人

8 月 1 日	8 月 11 日	8 月 16 日	8 月 31 日
1 210	1 240	1 300	1 270

试计算该企业 8 月平均员工数。

2. 某地区“十三五”期间年末居民存款余额如下表所示。

年份	2015	2016	2017	2018	2019	2020
存款余额/百万元	7 034	9 110	11 545	14 746	21 519	29 662

试计算该地区“十三五”期间居民年平均存款余额。

3. 某企业 2020 年流动资金占用情况如下表所示（单位：万元），试计算该企业 2020 年流动资金月平均占用额。

日期	1 月 1 日	2 月 28 日	6 月 30 日	7 月 31 日	9 月 30 日	12 月 31 日
流动资金占用额	1 230 a_1	1 453 a_2	1 094 a_3	1 329 a_4	1 246 a_5	1 125 a_6

4. 某工业企业资料如下表所示。

指标	9 月	10 月	11 月	12 月
工业总产值/万元	198	180	260	280
月末工人数/人	400	430	470	500

请计算：（1）第四季度月平均工业总产值；

（2）第四季度月平均职工人数；

（3）第四季度月平均劳动生产率。

5. 某企业 2020 年上半年实现利税及资金占用情况如下表所示。

	1 月	2 月	3 月	4 月	5 月	6 月
资金平均占用额/万元	228	220	240	256	280	296
利税总额/万元	23	21	26	29	34	38
资金利税率/%	10.09	9.55	10.83	11.33	12.14	12.84

试计算该企业 2020 年上半年的平均资金利税率指标。

6. 2014 年某公司产值为 1 200 万元，2014 年较 2010 年增长 21%，2013 年比 2010 年增长 11%，问 2013 年该公司产值为多少?

7. 某市 2015—2020 年农业生产总值资料如下表所示。

年份	2015	2016	2017	2018	2019	2020
农业生产总值/万元	8 743	10 627	11 653	14 794	15 808	18 362

要求：(1) 计算 2015—2020 年的农业生产总值的年平均水平；

(2) 计算 2015—2020 年农业生产总值的平均增长量；

(3) 计算 2015—2020 年农业生产总值的平均发展速度和平均增长速度。

8. 某地区人口数从 2015 年起每年以 9‰的增长率增长，截至 2020 年人口数为 2 100 万。该地区 2015 年人均粮食产量为 700 千克，到 2020 年人均粮食产量达到 800 千克。试计算：

(1) 2015 年该地区人口总数；

(2) 2015 年粮食总产量，2020 年粮食总产量；

(3) 该地区粮食总产量平均增长速度。

9. 某企业 2016—2020 年，机电设备出口总额资料如下表所示。

年份	2016	2017	2018	2019	2020
出口总额/万美元	53	60	65	77	84

(注：以 2016 年的出口额作为 a_0)

(1) 计算该企业 2016—2020 年机电设备出口总额的平均发展速度；

(2) 计算该企业 2016—2020 年机电设备出口总额的平均增长量；

(3) 计算该企业 2020 年相比 2019 年机电设备出口总额的增长 1%绝对值。

10. 某工厂 2009—2014 年的销售收入及资金占用资料见下表。

指标		年份					
		2009	2010	2011	2012	2013	2014
销售收入	绝对额/万元	120					
	逐期增长量/万元	—	23				60
	环比增长速度/%	—		25. 9			
	定基发展速度/%	—			175		
	增长 1%的绝对值/万元	—					2. 6
年末资金占用余额/万元		68	65	80	92	108	128

要求：(1）计算空格中的数据；

(2）计算 2010—2014 年销售收入的平均增长量；

(3）计算 2010—2014 年销售收入的平均增长率；

(4）计算 2010—2014 年平均每年的资金周转次数。

六、参考答案

(一）单项选择题

1—5　B B B A B　6—10　D B D C B

11—15　D B C D B　16—20　B C B D A

21—25　C B D A D

(二）多项选择题

1. ABD　2. BD　3. ACD　4. ABCDE　5. BCDE

6. ABC　7. BD　8. AC　9. BC　10. ACD

11. AE　12. AC　13. AE　14. BCE　15. AC

16. ACE　17. BCE　18. ABCD　19. CE　20. AC

（三）判断题

1—5 ×√××× 6—10 ×××√√

11—15 ×××√×

（四）简答题

1. 答：将同类指标在不同时间上的指标数值按时间先后顺序排列所形成的数列称为时间数列，也称为时间序列或动态数列。

时间数列按其统计指标的性质和表现形式，分为绝对数时间数列、相对数时间数列和平均数时间数列三种。其中，绝对数时间数列是最基本的时间数列，相对数时间数列和平均数时间数列是派生数列。

2. 答：（1）时期指标的数值是连续计数的，时点指标的数值是间断计数。

（2）时期指标具有累加性，时点指标不具有累加性。

（3）时期指标数值的大小受时期长短的制约，时点指标数值的大小与时点间的间隔长短无直接联系。

3. 答：编制时间数列的目的之一就是要进行动态分析，所以可比性原则是编制时间数列要遵循的最基本原则，具体有以下四点：

（1）时间上要可比。

（2）总体范围要一致。

（3）指标经济内容要一致。

（4）指标值的计算方法、计算价格和计量单位要一致。

4. 答：

（1）相同点：都是将现象的个体数量差异抽象化，反映现象总体的一般水平。

（2）不同点：一般平均数是将总体各单位标志值在同一时间上的个体数量差异抽象化，从静态上表明现象在某一具体时间条件下所达到的一般水平，是根据变量数列计算的。序时平均数是将现象在不同时间上的个体数量差异抽象化，从动态上表明现象在一段时间内发展变化所达到的一般水平，是依据时间数列来计算的。

5. 答：在时间数列中，每一期指标值的形成都是多种因素共同作用的结果。在统计中，时间数列的影响因素可以归纳以下四类：

（1）长期趋势：指在基本因素作用下，在较长时间内时间数列呈现的某种趋势，这种趋势可以向上、向下或持平。

（2）季节变动：指时间数列随季节变化而呈现的周期性变动，季节变动通常以“年”或更短的时间长度为周期。

（3）循环变动：指时间数列以若干年为周期出现的涨落相间的循环波动。

（4）不规则变动：指现象受偶然因素影响而出现的随机波动，是在时间数列的变动中，不能由长期趋势、系节变动、循环变动三个因素解释的剩余部分。

（五）计算题

1. 解：该题是现象发生变动时登记一次的时点序列求序时平均数，假设员工人数用 y 来表示，则：

$$y=\frac{y_1f_1+y_2f_2+\cdots+y_nf_n}{f_1+f_2+\cdots+f_n}$$

$$=\frac{1\ 210\times10+1\ 240\times5+1\ 300\times15+1\ 270}{31}$$

$$\approx1\ 260\text{（人）}$$

该企业 8 月平均员工数为 1 260 人。

2. 解：居民存款余额为时点序列，本题是间隔相等的时点序列，运用“首末折半法”计算序时平均数。

$$\bar{y}=\frac{\frac{y_1}{2}+y_2+\cdots y_{n-1}+\frac{y_n}{2}}{n-1}$$

$$=\frac{\frac{7\ 034}{2}+9\ 110+11\ 545+14\ 746+21\ 519+\frac{29\ 662}{2}}{5}$$

$=15\ 053.60$（百万元）

该地区“十三五”期间居民年平均存款余额为 15 053. 60 百万元。

3. 解：流动资金占用额为时点序列，本题是间隔不等的间断时点序列，运用“加权序时平均法”计算序时平均数。该企业 2020 年流动资金月平均占用额为

$$=\frac{\frac{a_1+a_2}{2}\times f_1+\frac{a_2+a_3}{2}\times f_2+\cdots+\frac{a_{n-1}+a_n}{2}\times f_{n-1}}{f_1+f_2+\cdots+f_{n-1}}$$

$$=\frac{\frac{1\ 230+1\ 453}{2}\times 2+\frac{1\ 453+1\ 094}{2}\times 4+\frac{1\ 094+1\ 329}{2}\times 1+\frac{1\ 329+1\ 246}{2}\times 2+\frac{1\ 246+1\ 125}{2}\times 3}{2+4+1+2+3}$$

$=1\ 260$(万元)

4. 解：假设 a 为工业总产值，b 为月末工人数，c 为劳动生产率。

（1）第四季度月平均工业总产值为：

$$\bar{a}=\frac{\sum a_i}{n}=\frac{180+260+280}{3}=240(\text{万元})$$

（2）第四季度月平均职工人数为：

$$\bar{b}=\frac{\frac{b_1}{2}+b_2+\cdots+b_{n-1}+\frac{b_n}{2}}{n-1}=\frac{\frac{400}{2}+430+470+\frac{500}{2}}{3}=450(\text{人})$$

（3）第四季度月平均劳动生产率为：

$$\bar{c}=\frac{\bar{a}}{\bar{b}}=\frac{240}{450}=0.53(\text{万元}/\text{人})$$

5. 解：平均资金利税率=利税总额/资金平均占用额，分子分母皆为时期数列。

该企业 2020 年上半年的平均资金利税率为：

$$\bar{c}=\frac{\bar{a}}{\bar{b}}=\frac{(23+21+26+29+34+38)/6}{(228+220+240+256+280+296)/6}=11.25\%$$

6. 解：利用两个相邻的定基发展速度之比等于它们的环比发展速度：

$$\frac{a_i}{a_0}\div\frac{a_{i-1}}{a_0}=\frac{a_i}{a_{i-1}}$$

$$\frac{a_{2014}}{a_{2013}}=\frac{a_{2014}}{a_{2010}}\div\frac{a_{2013}}{a_{2010}}=\frac{1.21}{1.11}=109.01\%$$

$$a_{2013}=\frac{a_{2014}}{109.01\%}=\frac{1\ 200}{1.090\ 1}=1\ 100.82(\text{万元})$$

可得，2013 年产值为 1 100.82 万元。

7. 解：(1) 农业生产总值为时期数列，代入简单算术平均数计算年平均农业生产总值，得：

$$\bar{a}=\frac{a_0+a_1+\cdots+a_5}{6}=\frac{8\ 743+10\ 627+11\ 653+14\ 794+15\ 808+18\ 362}{6}$$

$$=\frac{79\ 987}{6}=13\ 331.17(\text{万元})$$

(2) 平均增长量 $\bar{\Delta}=\frac{a_n-a_0}{n}=\frac{18\ 362-8\ 743}{5}=1\ 923.80(\text{万元})$

(3) 平均发展速度 $\bar{x}=\sqrt[n]{\frac{a_n}{a_0}}=\sqrt[5]{\frac{18\ 362}{8\ 743}}=116.00\%$

平均增长速度：$\bar{x}-1=116\%-1=16.00\%$

8. 解：(1) 计算 2015 年该地区人口总数 $a_0=\frac{a_n}{\bar{x}^n}=\frac{2\ 100}{1.009^5}=2\ 008$（万）

(2) 2015 年粮食总产量为：700×2 008 = 1 405 600（万千克）

2020 年粮食总产量为：800×2 100 = 1 680 000（万千克）

(3) 粮食总产量平均增长速度：

$$\bar{x}=\sqrt[n]{\frac{a_n}{a_0}}-1=\sqrt[5]{\frac{1\ 680\ 000}{1\ 405\ 600}}-1=103.63\%-1=3.63\%$$

9. 解：(1) 平均发展速度

$$\bar{x}=\sqrt[n]{\frac{a_1}{a_0}\times\frac{a_2}{a_1}\times\cdots\times\frac{a_n}{a_1}}=\sqrt[4]{\frac{60}{53}\times\frac{65}{60}\times\frac{77}{65}\times\frac{84}{77}}=\sqrt[4]{\frac{84}{53}}=112.20\%$$

(2) 平均增长量

$$=\frac{(60-53)+(65-60)+(77-65)+(84-77)}{4}=\frac{84-53}{4}=7.75$$

（3）2020 年相比 2019 年增长 1%绝对值

=基期水平/100=77/100=0.77（万美元）

10. 解：（1）计算结果见下表。

指标	年份					
	2009	2010	2011	2012	2013	2014
销售收入绝对额/万元	120	143	180	210	260	320
逐期增长量/万元	—	23	37	30	50	60
环比增长速度/%	—	19.17	25.9	16.7	23.8	23.1
定基发展速度/%	—	119.2	150	175	217	267
增长 1%的绝对值/万元	—	1.2	1.43	1.8	2.1	2.6

（2）$平均增长量 = \frac{逐期增长量}{逐期增长量个数} = \frac{23 + 37 + 30 + 50 + 60}{5} = 40(万元)$

（3）$平均增长率 = \sqrt[5]{\frac{320}{120}} - 1 = 21.67\%$

（4）2010—2014 年平均每年的资金周转次数

$$= \frac{(143 + 180 + 210 + 260 + 320)/5}{\left(\frac{68}{2} + 65 + 80 + 92 + 108 + \frac{128}{2}\right)/5} = 2.512(次)$$

第六章 统计指数

一、单项选择题

1. 广义的指数是指（　　）。
   A. 反映价格变动的相对数
   B. 反映动态的各种相对数
   C. 反映物量变动的相对数
   D. 各种相对数
2. 狭义的指数是指（　　）。
   A. 反映价格变动的相对数
   B. 个体指数
   C. 反映动态变动的相对数
   D. 总指数
3. 由两个总量指标对比所形成的指数是（　　）。
   A. 个体指数
   B. 总指数
   C. 综合指数
   D. 平均指数
4. 综合指数包括（　　）。
   A. 个体指数和总指数

B. 数量和质量指标指数

C. 定基指数和环比指数

D. 平均指数和平均指标指数

5. 总指数的基本形式是（　　）。

A. 个体指数

B. 综合指数

C. 算术平均数指数

D. 调和平均数指数

6. 数量指标指数的同度量因素一般是（　　）。

A. 基期质量指标

B. 报告期质量指标

C. 基期数量指标

D. 报告期数量指标

7. 总指数编制的两种基本形式是（　　）。

A. 平均指数和综合指数

B. 个体指数和综合指数

C. 数量指标指数和质量指标指数

D. 固定构成指数和结构影响指数

8. 我国股票价格指数采用的计算方法是（　　）。

A. 平均指数

B. 实际权数平均指数

C. 固定权数平均指数

D. 综合指数

9. 下列指数中属于质量指标指数的是（　　）。

A. 产量指数

B. 销售额指数

C. 职工人数指数

D. 销售价格指数

10. 按照个体价格指数和报告期销售额计算的价格总指数是（　　）。

A. 综合指数

B. 平均指标指数

C. 加权算术平均数指数

D. 加权调和平均数指数

11. 销售额指数=销量指数×销售价格指数，在这个指数体系中，两个因素指数的同度量因素通常（　　）。

A. 都固定在基期

B. 都固定在报告期

C. 一个固定在基期，一个固定在报告期

D. 采用基期和报告期的平均数

12. 数量指标指数和质量指标指数的划分依据是（　　）。

A. 所反映的对象范围不同

B. 所比较的现象特征不同

C. 所采用的编制综合指数的方法不同

D. 指数化指标性质不同

13. 某企业总成本报告期比基期增长 40%，产量增长 20%，则单位成本增长（　　）。

A. 10%

B. 16. 67%

C. 50%

D. 80%

14. 某企业产品物价下降，销售额持平，则销售量指数（　　）。

A. 增长

B. 下降

C. 不变

D. 不能确定

15. 某企业生产的甲、乙、丙三种产品，1999 年与 1998 年比较若价格未变，总产值增长 15%，则产量指数为（　　）。

A. 100%

B. 15%

C. 115%

D. 3%

16. 如果生活费价格指数上涨 19%，则现在的 1 元钱（　　）。

A. 只值原来的 0.81 元

B. 只值原来的 0.84 元

C. 与原来的 1 元钱等值

D. 无法与过去比较

17. 某企业的产值，1999 年比 1998 年增长 21%，其原因是（　　）。

A. 产品价格上升 9%，产量增加了 12%

B. 产品价格上升 10%，产量增加了 11%

C. 产品价格上升 10.5%，产量增加了 10.5%

D. 产品价格上升了 10%，产量增加了 10%

18. 某厂 1999 年产品单位成本比 1998 年提高了 5.8%，产品产量结构影响指数为 96%，则该厂总平均单位成本（　　）。

A. 提高 1.57%

B. 提高 1.8%

C. 下降 4%

D. 下降 9.26%

19. 商品销售额的增加额为 400 元，由于销售量增加使销售额增加 410 元，由于价格（　　）。

A. 增长使销售额增加 10 元

B. 增长使销售额增加 205 元

C. 降低使销售额减少 10 元

D. 降低使销售额减少 205 元

20. 平均指标对比指数是（　　）。

A. 平均数指数

B. 个体指数的平均数

C. 由两个平均指标对比形成的指数

D. 两个总量指标对比形成的指数

二、多项选择题

1. 综合指数包括（　　）。

A. 总指数

B. 平均指数

C. 平均指标指数

D. 质量指标指数

E. 数量指标指数

2. 统计指数的作用包括（　　）。

A. 综合反映事物的变动方向和程度

B. 据以进行因素分析

C. 研究事物的内在结构

D. 研究事物在长时间内的变动趋势

E. 综合反映事物的发展规模

3. 下列指数中属于数量指标指数的有（　　）。

A. 销售量指数

B. 职工人数指数

C. 销售价格指数

D. 单位成本指数

4. 下列指数中属于质量指标指数的有（　　）。

A. 销售价格指数

B. 销售额指数

C. 单位成本指数

D. 可变构成指数

5. 同度量因素的作用有（　　）。

A. 同度量作用

B. 权数作用

C. 媒介作用

D. 平衡作用

6. 编制综合指数的一般原则是（　　）。

A. 数量指标指数以基期质量指标为同度量因素

B. 数量指标指数以报告期质量指标为同度量因素

C. 质量指标指数以基期数量指标为同度量因素

D. 质量指标指数以报告期数量指标为同度量因素

7. 编制综合指数要掌握的要点是（　　）。

A. 引进同度量因素对复杂经济现象总体进行综合

B. 确定指数化因素

C. 明确指数的经济意义

D. 将同度量因素固定，消除同度量因素变动的影响

8. 已知某商业企业基期销售额为 100 万元，报告期销售额比基期增长 14%，又知以基期价格计算的报告期假定销售额为 113 万元，则通过计算可知（　　）。

A. 销售量增长 13%

B. 价格增长 12%

C. 由于价格变化使销售额增加 1 万元

D. 由于销售量变化使销售额增加 13 万元

E. 由于销售量变化使销售额增加 20 万元

9. 某企业 1998 年三种不同产品的实际产量为计划产量的 105%，这个指数是（　　）。

A. 个体指数

B. 总指数

C. 数量指标指数

D. 质量指标指数

E. 静态指数

10. 某农户的小麦播种面积报告期为基期的 120%，这个指数是（　　）。

A. 个体指数

B. 总指数

C. 数量指标指数

D. 质量指标指数

E. 动态指数

11. 适用于非全面资料编制的总指数是（　　）。

A. 数量指标综合指数

B. 质量指标综合指数

C. 算术平均数指数

D. 调和平均数指数

12. 加权算术平均数指数是一种（　　）。

A. 平均数指数

B. 综合指数

C. 总指数

D. 个体指数

E. 平均指标指数

13. 指数按其包括的范围不同可分为（　　）。

A. 简单指数

B. 加权指数

C. 个体指数

D. 总指数

E. 平均数指数

14. 指数按选择基期的不同可分为（　　）。

A. 静态指数

B. 动态指数

C. 定基指数

D. 环比指数

E. 综合指数

15. 指数体系中，指数之间的数量对等关系表现在（　　）。

A. 总量指数等于它的因素指数的乘积

B. 总量指数等于它的因素指数的代数和

C. 总量指数等于它的因素指数之间的比例

D. 总量指数相应的绝对增长额等于它的各因素指数引起的绝对增长额的代数和

E. 总量指数相应的绝对增长额等于它的各因素指数引起的绝对增长额的乘积

三、判断题

1. 如果一个指数的同度量因素是质量指标，则这个指数就是质量指标指数。（　　）

2. 为了使成本指数的计算符合现实经济意义，则编制单位产品成本指数的同度量因素是报告期的产品产量。（　　）

3. 某商业企业商品销售额报告期比基期增长 80%，销售量增长 25%，则商品销售价格增长 44%。（　　）

4. 某地区零售物价指数为 119%，则用同样多的人民币比以前少购买 16%的商品。（　　）

5. 若销售量增长 20%，价格下降 20%，则销售额不变。（　　）

6. 在资料完全相同的情况下，综合指数与平均数指数之间具有变形关系。（　　）

7. 从狭义的角度而言，比较相对数是指数。（　　）

8. 平均数指数编制只可用于全面调查的资料。（　　）

9. 平均指标对比指数就是由两个不同时期的加权算术平均数对比形成的。( )

10. 编制平均数指数，实质上就是计算个体指数的平均数。( )

四、填空题

1. 统计指数按其所表明的指标性质的不同，分为__________、__________。

2. 统计指数中总指数的计算形式有__________和__________。

3. 编制拉氏数量指标指数，一般以__________为同度量因素；编制帕氏质量指标指数，一般以__________为同度量因素。

4. 指数因素分析可以从__________和__________两方面分析。

5. 平均数指数的基本形式有__________和__________。

6. 可变构成指数分解为__________和__________。

7. 物价上涨以后，用同样多的人民币购买的商品量少了15%，则物价指数为__________，物价上涨了__________。

8. 某企业某产品2022年产量比2021年增长了14.7%，生产总成本增长了9.8%，则该厂2022年的单位产品成本指数为__________，下降了__________。

9. 劳动生产率的可变构成指数为119.6%，结构影响指数为110.2%，则劳动生产率的固定构成指数为__________，这是以__________形式进行平均指标对比指数因素分析的方法。

10. 在指数体系中，总变动指数等于__________指数的乘积；总变动指数的绝对增减量等于它的各因素指数所引起的绝对增减量的__________。

11. 反映一种产品的数量变动的指数称为__________，综合反映多种产品数量的变动程度的指数称为__________。

12. 在计算综合指数过程中，同度量因素除了起到__________的作用外，还起到__________的作用。

五、简答题

1. 什么是统计指数？其特点及主要作用是什么？
2. 什么是同度量因素？同度量因素在编制综合指数中有何作用？
3. 什么是数量指标指数和质量指标指数？试举例说明。
4. 什么是指数体系？指数体系有哪些作用？
5. 什么是因素分析？简述因素分析的步骤。

六、计算题

1. 某企业生产 A、B 两种产品，报告期和基期产量、出厂价格资料如下表所示。

产品	产量/件		出厂价/元	
	基期	报告期	基期	报告期
A	2 000	2 200	12.0	12.5
B	5 000	6 000	6.2	6.0

要求：

（1）用拉氏公式编制产品产量和出厂价格指数；

（2）用帕氏公式编制产品产量和出厂价格指数；

（3）比较两种公式编制的产量和出厂价格指数的差异。

2. 某企业生产三种产品，有关资料如下表所示。

产品种类	基期		产量个体指数/%
	价格/元	产量/万件	
甲	10	20	109.2
乙	9	16	121.5
丙	8	15	98.6

要求：计算该企业三种产品产量总指数。

3. 已知某商店三种商品的销售量及销售价格资料如下表所示。

商品	计量单位	销售量		销售价格/元	
		基期	报告期	基期	报告期
甲	件	5 000	6 500	20	23
乙	台	3 000	4 600	25	29
丙	套	1 800	3 000	30	37

试计算：

（1）销售量个体指数和销售价格个体指数；

（2）销售量总指数及由于销售量变动而增减的销售额；

（3）销售价格总指数及由于销售价格变动而增减的销售额。

4. 已知某企业生产两种产品的有关资料如下表所示。

商品	计量单位	产 量		出厂价格/元	
		基期	报告期	基期	报告期
甲	吨	4 100	4 200	50	62
乙	台	2 000	2 100	44	52

试从相对数和绝对数两方面简要分析产量和出厂价格的变动对总产值的变动影响。

5. 已知某公司2021年商品零售额为760万元，2022年比2021年增加40万元，2022年零售物价指数上涨8%，试计算该公司商品零售额变动中，由于零售价格和零售量变动的影响程度和影响额。

6. 某企业工人数及工资资料如下表所示。

	工人数/人		工资水平/元	
	基期	报告期	基期	报告期
技术工	400	630	1 600	1 700
普通工	600	870	800	900

要求：

（1）计算各组工人工资个体指数；

（2）计算总平均工资指数；

（3）对总平均工资变动进行因素分析；

（4）比较各组工人工资个体指数与总平均工资指数的差异，并分析出现差异的原因；

（5）计算由于平均工资水平的变动对企业工资总额支出的影响额。

七、参考答案

（一）单项选择题

1—5 D D C B B 6—10 A A D D D

11—15 C D B A C 16—20 B D A C C

（二）多项选择题

1. DE 2. ABD 3. AB 4. AC 5. AB

6. AD 7. ABD 8. ACD 9. BCE 10. ACE

11. CD 12. AC 13. CD 14. CD 15 AD

（三）判断题

1—5 × √ √ √ × 6—10 √ × × √ √

（四）填空题

1. 数量指标指数、质量指标指数
2. 综合指数法、平均数指数法
3. 基期质量指标、报告期数量指标
4. 相对数、绝对数

5. 加权算术平均数指数、加权调和平均数指数

6. 结构影响指数、固定构成指数

7. 117.65%、17.65%

8. 95.73%、4.27%

9. 108.53%、指数体系

10. 各因素、和

11. 个体指数、总指数

12. 同度量、权数

（五）简答题

1. 答：统计指数是指不能直接加总的复杂现象总体的综合变动程度的相对数。其特点是具有综合性和平均性；其主要作用是能综合反映复杂事物的变动方向和程度、能进行指数体系的因素分析、能测定现象在长时间内发展变化的趋势。

2. 答：同度量因素是指在编制综合指数时找的一个媒介因素，从而解决不同事物数量的不同度量问题。

其主要有两个作用：一是同度量作用；二是对指数化因素加权的作用。

3. 答：数量指标指数是反映现象总体规模或总水平变动情况的相对数，如工业产品产量指数、职工人数指数等；质量指标指数是反映质量指标综合变动情况的相对数，如价格指数等。

4. 答：指数体系是指几个指数之间在一定的经济联系基础上所结成的较为严密的数量关系式。

其作用主要有两点：

一是利用指数体系可以进行指数之间的相互推算；

二是可以分析各因素对现象总体变动的影响方向和程度。

5. 答：因素分析是指利用指数体系，从绝对数和相对数两个方面，分析现象受各影响因素变动的影响方向和程度。

因素分析步骤：

第一，建立指数体系；

第二，计算被分析指标的总变动；

第三，计算各因素变动影响的程度和绝对值；

第四，综合分析影响因素。

（六）计算题

1. 解：

(1)

产品产量指数（拉式公式）：

$$L_q = \frac{\sum p_0 q_1}{\sum p_0 q_0} = \frac{12 \times 2\,200 + 6.2 \times 6\,000}{12 \times 2\,000 + 6.2 \times 5\,000} = \frac{63\,600}{55\,000} = 115.64\%$$

产品出厂价格指数（拉式公式）：

$$L_p = \frac{\sum p_1 q_0}{\sum p_0 q_0} = \frac{12.5 \times 2\,000 + 6 \times 5\,000}{12 \times 2\,000 + 6.2 \times 5\,000} = \frac{55\,000}{55\,000} = 100\%$$

(2)

产品产量指数（帕式公式）：

$$P_q = \frac{\sum p_1 q_1}{\sum p_1 q_0} = \frac{12.5 \times 2\,200 + 6 \times 6\,000}{12.5 \times 2\,000 + 6 \times 5\,000} = \frac{63\,500}{55\,000} = 115.45\%$$

产品出厂价格指数（帕式公式）：

$$P_p = \frac{\sum p_1 q_1}{\sum p_0 q_1} = \frac{12.5 \times 2\,200 + 6 \times 6\,000}{12 \times 2\,200 + 6.2 \times 6\,000} = \frac{63\,500}{63\,600} = 99.84\%$$

(3)

拉氏和帕氏公式编制的产量和出厂价格指数的差异：

$L_P > P_p$，$L_q > P_q$

2. 解：

该企业三种产品产量总指数：

$$\overline{k_q} = \frac{\sum k_q \cdot p_0 q_o}{\sum p_0 q_0} \frac{\sum k_q \cdot p_0 q_o}{\sum p_0 q_0}$$

$$= \frac{109.2\% \times 10 \times 20 + 121.5\% \times 9 \times 16 + 98.6\% \times 8 \times 15}{10 \times 20 + 9 \times 16 + 8 \times 15}$$

$$= \frac{511.68}{464} = 110.28\%$$

3. 解：

（1）依题意得，销售量个体指数：$k_q = \frac{q_1}{q_0} \times 100\%$

则：

甲商品 $k_q = \frac{6\ 500}{5\ 000} \times 100\% = 130\%$

乙商品 $k_q = \frac{4\ 600}{3\ 000} \times 100\% = 153.33\%$

丙商品 $k_q = \frac{3\ 000}{1\ 800} \times 100\% = 166.67\%$

销售价格个体指数 $k_p = \frac{p_1}{p_0} \times 100\%$

则：

甲商品 $k_p = \frac{23}{20} \times 100\% = 115\%$

乙商品 $k_p = \frac{29}{25} \times 100\% = 116\%$

丙商品 $k_p = \frac{37}{30} \times 100\% = 123.33\%$

（2）依题意得，销售量总指数：

$$\overline{k_q} = \frac{\sum q_1 p_0}{\sum q_0 p_0} \times 100\%$$

$$= \frac{6\ 500 \times 20 + 4\ 600 \times 25 + 3\ 000 \times 30}{5\ 000 \times 20 + 3\ 000 \times 25 + 1\ 800 \times 30} \times 100\%$$

$$= \frac{335\ 000}{229\ 000} \times 100\%$$

$$= 146.29\%$$

由于销售量增加而增加的销售额：

$$\Delta_q = \Sigma q_1 p_0 - \Sigma q_0 p_0 = 335\ 000 - 229\ 000 = 106\ 000 \text{（元）}$$

（3）销售价格总指数：

$$\overline{k_p} = \frac{\sum q_1 p_1}{\sum q_1 p_0} \times 100\%$$

$$= \frac{6\ 500 \times 23 + 4\ 600 \times 29 + 3\ 000 \times 37}{6\ 500 \times 20 + 4\ 600 \times 25 + 3\ 000 \times 30} \times 100\%$$

$$= \frac{393\ 900}{335\ 000} \times 100\%$$

$$= 117.58\%$$

由于销售价格增长而增加的销售额：

$$\Delta_p = \sum p_1 q_1 - \sum p_0 q_1 = 393\ 900 - 335\ 000 = 58\ 900 \text{（元）}$$

4. 解：

依题意得两种产品总产值的变动情况为：

总产值指数 $\overline{k_{pq}} = \frac{\sum q_1 p_1}{\sum q_0 p_0} = \frac{4\ 200 \times 62 + 2\ 100 \times 52}{4\ 100 \times 50 + 2\ 000 \times 44} \times 100\%$

$$= \frac{369\ 600}{293\ 000} \times 100\%$$

$$= 126.14\%$$

总产值变动绝对额：

$$\Delta_{pq} = \sum p_1 q_1 - \sum p_0 q_0 = 369\ 600 - 293\ 000 = 76\ 600 \text{（元）}$$

其中：（1）产量变动影响：

产量指数 $\overline{k_q} = \frac{\sum q_1 p_0}{\sum q_0 p_0} = \frac{4\ 200 \times 50 + 2\ 100 \times 44}{4\ 100 \times 50 + 2\ 000 \times 44} \times 100\%$

$$= \frac{302\ 400}{293\ 000} \times 100\%$$

$= 103.21\%$

产量变动影响而增加的总产值：

$$\Delta_q = \sum q_1 p_0 - \sum q_0 p_0 = 302\ 400 - 293\ 000 = 9\ 400 \text{（元）}$$

（2）出厂价格指数变动影响：

$$\text{出厂价格指数 } \overline{k_p} = \frac{\sum q_1 p_1}{\sum q_1 p_0} = \frac{4\ 200 \times 62 + 2\ 100 \times 52}{4\ 200 \times 50 + 2\ 100 \times 44} \times 100\%$$

$$= \frac{369\ 600}{302\ 400} \times 100\%$$

$= 122.22\%$

出厂价格变动影响而增加的总产值：

$$\Delta_p = \sum p_1 q_1 - \sum p_0 q_1 = 369\ 600 - 302\ 400 = 67\ 200 \text{（元）}$$

（3）综合影响：

$126.14\% = 122.22\% \times 103.21\%$

76 600 元 = 9 400 元 + 67 200 元

5. 解：

已知 $\sum p_0 q_0 = 760$ 万元；$\sum p_1 q_1 = 760 + 40 = 800$（万元）；$\overline{k_p} = 108\%$

则

$$\overline{k_{qp}} = \frac{\sum q_1 p_1}{\sum q_0 p_0} = \frac{800}{760} \times 100\% = 105.26\%$$

$$\Delta_{pq} = \sum p_1 q_1 - \sum p_0 q_0 = 800 - 760 = 40 \text{（万元）}$$

因 $\overline{k_{qp}} = \overline{k_q} \times \overline{k_p}$，故 $\overline{k_q} = \frac{105.26\%}{108\%} \times 100\% = 97.46\%$

$$\Delta_q = \sum p_0 q_1 - \sum p_0 q_0 = \frac{\sum p_1 q_1}{\overline{k_p}} - \sum p_0 q_0$$

$$= \frac{800}{108\%} - 760$$

$= -19.26$（万元）

$$\Delta_p = \sum p_1 q_1 - \sum p_0 q_1 = \sum p_1 q_1 - \frac{\sum p_1 q_1}{\overline{k_p}}$$

$$= 800 - \frac{800}{108\%}$$

$= 59.26$（万元）

则：$105.26\% = 108\% \times 97.46\%$

40 万元 = 59.26 万元 +（−19.26）万元

6. 解：

（1）计算各组工人工资的个体指数

技术工：$i_p = \dfrac{1\ 700}{1\ 600} = 106.25\%$

普通工：$i_p = \dfrac{900}{800} = 112.50\%$

（2）总平均工资指数 $= \dfrac{\sum x_1 f_1}{\sum f_1} \div \dfrac{\sum x_0 f_0}{\sum f_0} = \dfrac{1\ 236}{1\ 120} = 110.36\%$

（3）对总平均工资变动进行因素分析

①可变构成指数 $= \dfrac{\sum x_1 f_1}{\sum f_1} \div \dfrac{\sum x_0 f_0}{\sum f_0} = \dfrac{1\ 236}{1\ 120} = 110.36\%$

变动绝对额 $= \dfrac{\sum x_1 f_1}{\sum f_1} - \dfrac{\sum x_0 f_0}{\sum f_0} = 1\ 236 - 1\ 120 = 116$

②计算各组工资变动影响指数：

固定构成指数 $= \dfrac{\sum x_1 f_1}{\sum f_1} \div \dfrac{\sum x_0 f_1}{\sum f_1} = \dfrac{1\ 236}{1\ 136} = 108.8\%$

各组变量水平变动的绝对额 $= \dfrac{\sum x_1 f_1}{\sum f_1} - \dfrac{\sum x_0 f_1}{\sum f_0} = 1\ 236 - 1\ 136 = 100$

③计算结构变动影响指数：

$$结构影响指数=\frac{\sum x_0f_1}{\sum f_1}\div\frac{\sum x_0f_0}{\sum f_0}=\frac{1\ 136}{1\ 120}=101.43\%$$

$$结构影响变动绝对额=\frac{\sum x_0f_1}{\sum f_1}-\frac{\sum x_0f_0}{\sum f_0}=1\ 136-1\ 120=16（元）$$

（4）技术工个体工资指数 106.25%，普通工个体工资指数 112.50%，总工资指数 110.36%。三指数数据大小比较：技术工个体工资指数<总平均工资指数<普通工个体工资指数。

总平均工资指数受各组工人工资水平和工人结构的影响，普通工人数上涨的幅度小于技术工人数上涨的幅度，由于权数的作用，使得总工资指数处于两个个体指数之间。

（5）由于工资水平的变动使得平均工资增加 100 元，该企业工资总额支出的增加额为：

100×（630+870）= 150 000（元）

第七章 相关与回归分析

一、单项选择题

1. 以下有关函数关系中，说法错误的是（　　）。

A. 具有因果关系

B. 无因果关系

C. 取值一一对应

D. 确定的数量关系

2. 如若两个变量在数量上表现为不确定或不严格的相互依存关系，这种关系是（　　）。

A. 函数关系

B. 相关关系

C. 随机关系

D. 因果关系

3. 以下（　　）不是相关分析可以解决的。

A. 判断变量间相关的形式

B. 定量测定两个变量间的具体数量关系式

C. 测定变量之间相关的密切强度

D. 判断变量间相关的方向

4. 在相关分析中，用于直观判断两个变量之间相关形式的是（　　）。

A. 相关表

B. 相关系数

C. 散点图

D. 以上三种方法均可

5. 在相关分析中，用于定量测定两个变量间相关密切程度的是（ ）。

A. 相关表

B. 相关图

C. 相关系数

D. 以上三种方法均可

6. 如果两个变量间的关系近似地表现为一条直线，则称两个变量之间为（ ）。

A. 正线性相关关系

B. 负线性相关关系

C. 线性相关关系

D. 非线性相关关系

7. 一般来说，当居民收入减少时，居民储蓄额也会相应减少，由此可知二者之间是（ ）。

A. 负相关

B. 正相关

C. 线性相关

D. 曲线相关

8. 相关系数 r 的取值范围是（ ）。

A. 从 0 到 1

B. 从-1 到 0

C. 从-1 到 1

D. 无范围限制

9. 当相关系数 r=0 时，则说明（ ）。

A. 两个变量之间存在曲线相关关系

B. 两个变量之间无曲线相关关系

C. 两个变量之间无线性相关关系

D. 两个变量之间无任何相关关系

10. 下列两种现象的相关密切程度最高的是（　　）。

A. 商品销售额与流通费用率之间的相关系数为-0.98

B. 商品销售额与流通费用率之间的相关系数为0.60

C. 流通费用率与商业利润率之间的相关系数为-0.92

D. 商店的商品销售额与商品销售量之间的相关系数为0.87

11. 相关分析与回归分析的说法错误的是（　　）。

A. 前者研究变量间的密切程度，后者研究变量间的数量关系

B. 前者研究变量间的数量关系，后者研究变量间的密切程度

C. 回归分析以相关分析为基础

D. 两者均以定性研究为基础

12. 当所有观测值都落在回归线上，则这两个变量之间的相关系数取值不可能为（　　）。

A. 1

B. -1

C. 0

D. +1或-1

13. 估计线性回归系数常用的方法是（　　）。

A. 移动平均法

B. 半数平均法

C. 散点法

D. 最小二乘法

14. 在回归方程中，$\hat{y} = a + bx$ 中，其中回归系数b表示（　　）。

A. y 变动一个单位时，x 的变动量

B. x 变动一个单位时，y 的变动量

C. y 变动一个单位时，x 的平均变动量

D. x 变动一个单位时，y 的平均变动量

15. 若 $\hat{y}=60+0.6x$，则 x 与 y 的线性相关系数取值（　　）。

A. 大于0

B. 等于1或-1

C. 小于0

D. 等于0

二、多项选择题

1. （线性）相关系数可以测定两个变量之间的（　　）。

A. 数量关系

B. 相关的形式

C. 曲线相关程度

D. 相关方向

E. 相关的密切程度

2. 估计标准误差的作用是测定（　　）。

A. 估计值与实际值的平均差异程度

B. 估计值对实际值的代表性大小

C. 自变量与因变量间的数量关系

D. 自变量的取值差异程度

E. 因变量的取值差异程度

3. 从变量间相互关系的表现形式看，相关关系可分为（　　）。

A. 正相关

B. 负相关

C. 直线相关

D. 曲线相关

E. 不相关

4. 单位成本（元）随着产量（件）变化的回归方程为 $\hat{y}=78\ 000-2x$，

这表示（　　）。

A. 单位成本每增加 1 元时，产量平均减少 2 件

B. 单位成本每增加 1 元时，产量平均增加 2 件

C. 产量每增加 1 件时，单位成本平均下降 2 元

D. 产量每增加 1 件时，单位成本平均增加 2 元

E. 当产量为 0 时，单位成本为 78 000 元

5. 相关系数的取值（　　）。

A. 可为正值

B. 可为负值

C. 可大于 1

D. 可等于-1

E. 可等于 1

6. 变量间为相关关系的有（　　）。

A. 家庭收入与消费支出的关系

B. 园的面积与它的半径的关系

C. 广告支出与商品销售额的关系

D. 单位产品成本与利润的关系

E. 在价格固定的情况下，销售量与商品销售额的关系

7. 进行一元线性回归估计的前提是（　　）。

A. 现象之间具有较密切的相关关系

B. 两个变量间存在函数关系

C. 两个变量间存在曲线相关关系

D. 两个变量间存在因果关系

E. 两个变量间存在线性相关关系

8. 当两个变量完全相关时，下列结果可能正确的是（　　）。

A. $S_{yx} = 1$

B. $S_{yx} = 0$

C. $r = -1$

D. $r=0$

E. $r=1$

9. 如果两个变量间存在相关关系，则（　　）。

A. 一定存在严格的依存关系

B. 一定存在确定的依存关系

C. 一定存在因果关系

D. 存在着不确定或不严格的相互依存关系

E. 不一定存在因果关系

10. 下列关于相关分析和回归分析的说法中，正确的有（　　）。

A. 相关分析研究变量间相关的方向、密切程度、相关形式

B. 相关分析可以从一个变量的变化来推测另一个变量的变化

C. 回归分析可以从一个变量的变化来推测另一个变量的变化

D. 回归分析中需要明确自变量和因变量

E. 相关分析中需要明确自变量和因变量

三、判断题

1. 产品的总成本随着产量的增加呈不严格的上升趋势，这种现象属于函数关系。（　　）

2. 在线性回归分析中，自变量与因变量都是随机的。（　　）

3. 相关表和相关图都能测定变量之间相关关系的密切程度。（　　）

4. 只有当相关系数接近正 1 时，才能说明两个变量之间存在着高度相关关系。（　　）

5. 如果两组变量的相关系数相等，那么它们的线性回归方程的回归系数必然相等。（　　）

四、简答题

1. 相关关系与函数关系有何区别与联系？

2. 请简述相关分析和回归分析之间的联系和区别。

3. 简述相关关系的判别方法。

4. 说明相关系数的取值范围及其判断标准。

五、计算题

1. 某地高校教育经费（x）与高校学生人数（y）连续6年的统计资料见下表。

年份	2009	2010	2011	2012	2013	2014
教育经费/万元 在校生人数/万人	316 11	343 16	373 18	393 20	418 22	455 25

要求：

（1）绘制高校教育经费与学生人数的散点图，据此判断相关形式和方向。

（2）计算高校教育经费与在校学生人数之间的相关系数。

2. 为研究家庭收入和食品支出的关系，随机抽取了10个家庭的样本，得到的数据如下表。

家庭月收入/元	食品支出/元
2 000	700
3 000	900
3 300	900
4 000	1 100
1 500	500
1 300	400
2 600	800
3 800	1 000
3 500	900
4 300	1 000

要求：

（1）建立直线回归方程。

（2）解释回归系数的含义。

（3）预测当家庭收入为 5 000 元时食品支出的可能值。

3. 由相关变量 x 与 y 的 10 对数据计算得到：$\sum x = 750$，$\sum y = 70$，$\sum xy = 5\ 440$，$\sum x^2 = 60\ 000$，$\sum y^2 = 500$。

要求：

（1）计算相关系数。

（2）建立回归方程式。

六、参考答案

（一）单项选择题

1—5　B B B C C　6—10　C B C C A

11—15　B C D D A

（二）多项选择题

1. DE　2. AB　3. CD　4. CE　5. ABDE

6. ACD　7. ADE　8. BCE　9. DE　10. ACD

（三）判断题

1—5　× × × × ×

（四）简单题

1. 答：

（1）联系。函数关系往往通过相关关系表现出来；相关关系要通过函数关系进行研究。

（2）区别。函数关系是变量之间的一种严格、完全确定性的关系；相关关系难以像函数关系那样用数学公式去准确表达。

2. 答：

（1）联系：

①相关分析要依靠回归分析来表现现象数量相关的具体形式。

②回归分析必须依靠相关分析来表明变量之间的密切程度。

（2）区别：

①相关分析不说明谁是自变量，谁是因变量，而回归分析必须首先确定自变量和因变量，不能颠倒。

②相关分析中的每一个变量都是随机的；回归分析中自变量是一般变量，因变量是随机变量。

3. 答：

相关关系的判别方法有相关表、相关图和相关系数。其中，研究者可以凭借相关表大致判断现象相关的方向；通过绘制相关图即散点图大致判断现象相关的方向、形式和程度；通过计算相关系数可以定量测定现象间相关关系的密切程度及方向。

4. 答：

（1）相关系数的取值范围为-1～+1。相关系数的绝对值越接近1，表明两变量相关程度越高。若绝对值等于1，表示两变量之间是函数关系。

（2）当 $r>0$ 时，表示两变量之间是正相关；当 $r<0$ 时，表示两变量是负相关。

（3）当 r 越接近0，表示两变量之间的相关关系越弱；当 $r=0$ 时，表示两变量之间不存在直线相关关系，但并不表明两变量之间没有其他形式的相关系数。

（4）相关系数的大小，可以判断两变量之间的密切程度的高低。相关系数的绝对值小于0.3，表示两变量之间无直线相关关系；相关系数的绝对值在0.3到0.5之间，表示两变量之间是低度相关；相关系数的绝对值在0.5到0.8之间，表示两变量是显著相关；相关系数的绝对值在0.8以上，表示两变量之间高度相关。

（五）计算题

1. 解：

（1）用 Excel 绘制高校教育经费与学生人数的散点图。可以看出，高校教育经费和学生人数相关形式为线性相关，相关方向为正相关。

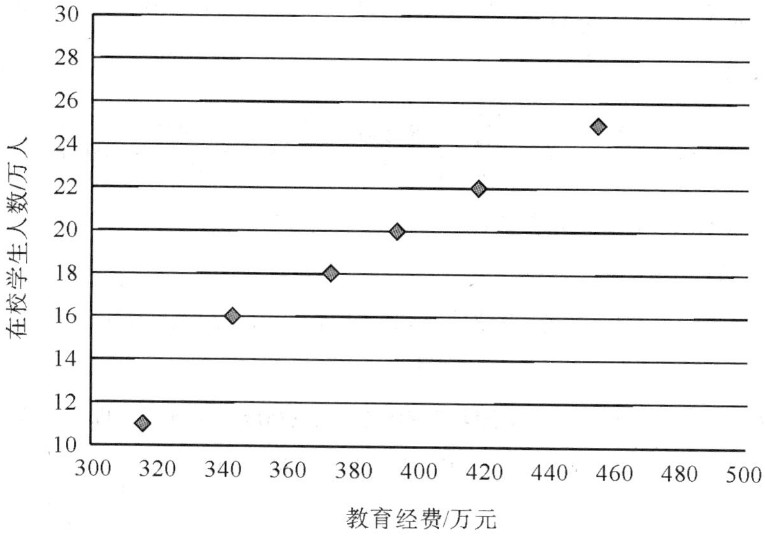

图 7-1 高校教育经费与学生人数的散点图

x 表示教育经费，y 表示在校学生人数，计算如下：

$\sum x^2 = 892\ 832$，$\sum y^2 = 2\ 210$，$\sum xy = 44\ 109$，$\sum x = 2\ 298$，$\sum y = 112$

将数据带入公式得：

$$r = \frac{n\sum xy - \sum x \sum y}{\sqrt{n\sum x^2 - \left(\sum x\right)^2}\sqrt{n\sum y^2 - \left(\sum y\right)^2}}$$

$$= \frac{6 \times 44\ 109 - 2\ 298 \times 112}{\sqrt{6 \times 892\ 832 - (2\ 298)^2}\sqrt{6 \times 2\ 210 - (112)^2}}$$

$$\approx 0.99$$

高校教育经费与在校学生人数之间的相关系数为 0.99。

2. 解：

（1）第一步，以家庭月收入为自变量 x，食品支出为因变量 y，建立一元线性回归方程：

$\hat{y} = a + bx$

第二步，计算回归系数 b 和常数 a：

$$b = \frac{n\sum xy - \sum x\sum y}{n\sum x^2 - (\sum x)^2} = \frac{10 \times 26\ 070\ 000 - 29\ 300 \times 8\ 200}{10 \times 95\ 770\ 000 - (29\ 300)^2} = \frac{20\ 440\ 000}{99\ 210\ 000}$$

$$\approx 0.21$$

$$a = \bar{y} - b\bar{x} = \frac{\sum y}{n} - b \times \frac{\sum x}{n} = \frac{8\ 200}{10} - 0.21 \times \frac{29\ 300}{10} = 204.7$$

第三步，建立回归方程式：

$\hat{y} = 204.7 + 0.21x$

（2）回归系数的含义：家庭收入每增加 1 元，家庭的食品支出平均增加 0.21 元。

（3）当 $x = 5\ 000$ 时，$\hat{y} = 204.7 + 0.21 \times 5\ 000 = 1\ 254.7$，即当食品支出为 5 000 元时，预测家庭食品支出的可能值为 1 254.7 元。

3. 解：

（1）相关系数为：

$$r = \frac{n\sum xy - \sum x\sum y}{\sqrt{n\sum x^2 - (\sum x)^2}\sqrt{n\sum y^2 - (\sum y)^2}}$$

$$= \frac{10 \times 5\ 440 - 750 \times 70}{\sqrt{10 \times 60\ 000 - (750)^2}\sqrt{10 \times 500 - (70)^2}}$$

$$\approx 0.98$$

（2）第一步，建立一元线性回归模型：

$\hat{y} = a + bx$

第二步，计算回归系数 b 和常数 a：

$$b = \frac{n\sum xy - \sum x\sum y}{n\sum x^2 - (\sum x)^2}$$

$$= \frac{10 \times 5\ 440 - 750 \times 70}{10 \times 60\ 000 - (750)^2} = \frac{1\ 900}{37\ 500} = 0.05$$

$$a = \bar{y} - b\bar{x} = \frac{\sum y}{n} - b \times \frac{\sum x}{n} = \frac{70}{10} - 0.05 \times \frac{750}{10} = 3.25$$

第三步，建立回归方程式：

$$\hat{y} = 3.25 + 0.05x$$

第八章 抽样与抽样估计

一、单项选择题

1. 抽样调查的主要目的是（　　）。
   A. 了解现象发展的具体过程和变化趋势
   B. 对调查单位做深入具体的研究
   C. 用样本指标对总体综合数量特征做出具有一定可靠程度的推断估计
   D. 为计划和决策提供详细生动的资料
2. 以（　　）为基础理论的统计调查方法是抽样调查法。
   A. 高等代数
   B. 微分几何
   C. 概率论
   D. 博弈论
3. 抽样推断必须遵守的首要原则是（　　）。
   A. 大量性原则
   B. 随机原则
   C. 可比性原则
   D. 总体性原则
4. 既可进行点估计又可进行区间估计的是（　　）。

A. 重点调查

B. 典型调查

C. 普查

D. 抽样调查

5. 能够事先加以计算和控制的误差是（ ）。

A. 登记性误差

B. 代表性误差

C. 系统性误差

D. 抽样误差

6. 抽样误差是指（ ）。

A. 调查中所产生的登记性误差

B. 调查中所产生的系统性误差

C. 随机性的代表性误差

D. 计算过程中产生的误差

7. 所谓大样本是样本单位数在（ ）及以上。

A. 50 个

B. 30 个

C. 80 个

D. 100 个

8. 以下正确的是（ ）。

A. 总体指标与样本指标均为随机变量

B. 总体指标与样本指标均为确定值

C. 总体指标是确定值而样本指标是随机变量

D. 总体指标是随机变量而样本指标是确定值

9. 总体成数的方差等于（ ）。

A. $1-P$

B. P

C. $P(1-P)$

D. $\sqrt{P(1-P)}$

10. 样本指标的标准差就是（　　）。

A. 抽样极限误差

B. 抽样平均误差

C. 最大误差

D. 实际误差

11. 重复抽样的抽样平均误差要（　　）不重复抽样的抽样平均误差。

A. 大于

B. 小于

C. 等于

D. 前三项均正确

12. 与抽样极限误差无关的是（　　）。

A. 置信度（或概率度）

B. 总体差异程度

C. 样本容量

D. 总体指标

13. 在抽样估计中，样本容量（　　）。

A. 越小越好

B. 越大越好

C. 有统一的抽样比例

D. 取决于抽样估计的可靠性要求

14. 在重复简单随机抽样中，抽样平均误差要减少 1/3，则样本单位数就要扩大到（　　）。

A. 4 倍

B. 2 倍

C. 3 倍

D. 9 倍

15. 区间估计的置信度是指（　　）。

A. 概率度

B. 概率保证程度

C. 抽样允许误差的大小

D. 抽样平均误差的大小

二、多项选择题

1. 抽样推断具有的主要特点有（　　）。

A. 以部分单位的数量特征去推断总体的数量特征

B. 抽样时必须遵守随机原则

C. 抽样推断是具有一定概率保证的估计和推断

D. 可以进行解剖麻雀式的分析

E. 抽样推断的误差可以计算并加以控制

2. 代表性误差包括（　　）。

A. 登记性误差

B. 偏差

C. 笔误

D. 随机误差

E. 计算错误

3. 从 2 000 户居民中随机抽取 100 户调查其收入情况，则（　　）。

A. 样本单位数为 100 户

B. 样本容量为 100 户

C. 样本可能数目为 100 个

D. 总体单位数为 2 000 户

E. 样本容量为 2 000 户

4. 抽样平均误差（　　）。

A. 即样本指标的标准差

B. 可以用标准差的定义公式计算

C. 是对实际误差计算的平均数

D. 是理论上计算的抽样推断的平均误差

E. 只能用推导出的公式进行计算

5. 影响抽样平均误差的因素有（　　）。

A. 置信度

B. 总体变量的变动程度

C. 样本容量 n

D. 抽样方法

E. 抽样组织形式

6. 优良估计量的衡量标准是（　　）。

A. 随机性

B. 无偏性

C. 可比性

D. 一致性

E. 有效性

7. 影响抽样极限误差的因素有（　　）。

A. 置信度（或概率度）

B. 总体差异程度

C. 样本容量

D. 抽样方法

E. 抽样组织形式

8. 抽样极限误差（　　）抽样平均误差。

A. 必定大于

B. 可以大于

C. 可以小于

D. 必定等于

E. 可以等于

9. 常用的基本抽样组织形式有（　　）。

A. 简单随机抽样

B. 分层抽样

C. 等距抽样

D. 整群抽样

E. 多阶段抽样

10. 影响样本容量 n 的因素有（　　）。

A. 抽样极限误差

B. 概论保证度

C. 总体波动程度

D. 抽样方法

E. 抽样组织形式

三、填空题

1. 根据抽取样本的方法不同，有__________和__________两种具体抽样方法。

2. 统计误差一般分为登记性误差和代表性误差两大类，而代表性误差又包括__________和__________两种，其中，__________是抽样调查所固有但又可控制和计算的。

3. 在抽样推断中，若其他条件不变，当极限误差缩小一半，则抽样单位数必须__________；若极限误差增加 2 倍，则抽样单位数__________。

4. 以样本指标去估计总体指标有__________和__________两种方法。

5. 抽样推断中产生的抽样误差不但可以__________，而且还能加以__________。

6. 抽样平均误差是所有可能的样本的__________与__________的平均离差。

7. 区间估计必须具备三个要素：__________、__________和__________。

8. 由于全及总体是唯一的，故根据全及总体计算的参数也是唯一的，常用的有__________、__________、__________ 等。

9. 样本总体又称为__________ ，其所包含的单位数称为__________。由于样本不是唯一的，故据此计算的样本指标也不是唯一的，称为__________。

10. 在重复简单随机抽样条件下，抽样平均误差与总体标志变动度的大小成__________，与样本容量的平方根成__________。如其他条件不变，要使抽样平均误差减少，则样本容量应__________。

11. 如果全及平均数落在区间（550，650）内的概率是 95.45%，则抽样平均误差等于__________。

12. 影响样本容量的主要因素有__________、__________、__________ 、__________ 和 __________。

四、判断题

1. 由于总体指标是唯一的，所以样本指标也是唯一的。（　　）
2. 抽样推断必须遵守的首要原则是随机原则。（　　）
3. 抽样调查的误差可以估计但不可以控制。（　　）
4. 重复抽样在各次试验中每个单位被抽中的机会是不均等的。（　　）
5. 在相同的总体单位数和样本容量的情况下，不重复抽样的样本数目比重复抽样的样本数目要多。（　　）
6. 抽样平均误差可以用标准差的定义公式计算。（　　）
7. 在其他条件不变的情况下，提高抽样估计的可靠程度，其精确度将随之扩大。（　　）
8. 在重复抽样且其他条件不变的情况下，若样本容量 n 增加一倍，则抽样平均误差也增加一倍。（　　）
9. 对于无限总体，不能进行全面调查，只能使用抽样推断。（　　）
10. 点估计是用样本的统计量直接估计和代表总体参数。（　　）

五、计算题

1. 已知某厂在一定时期内生产了 100 000 个单位的纱，按简单抽样方式抽取了 2 000 个单位来检查，合格率为 95%，试求抽样平均误差。

2. 某工厂从生产的一批零件中随机抽取 1%检验其质量，调查资料如下表所示。

使用寿命/小时	零件数/件
700 以下	10
700～800	60
800～900	230
900～1 000	450
1 000～1 200	190
1 200 以上	60
合计	1 000

根据质量标准，使用寿命在 800 小时以上为合格品。试以 90%的概率保证程度：

（1）对这批零件的平均使用寿命进行区间估计；

（2）对这批零件的合格率及合格品数量进行区间估计。

六、参考答案

（一）单项选择题

1—5　C C B D D　6—10　C B C C B

11—15　A D D D B

（二）多项选择题

1. ABCE 2. BD 3. BD 4. ADE 5. BCDE

6. BDE 7. ABCDE 8. BE 9. ABCDE 10. ABCDE

（三）填空题

1. 重复抽样、不重复抽样
2. 系统性误差、随机误差、随机误差
3. 为原来的 4 倍、为原来的四分之一
4. 点估计、区间估计
5. 计算、控制
6. 样本指标、全及指标
7. 样本指标、允许误差范围、置信度
8. 总体均值、方差、成数、
9. 样本、n 、统计量
10. 正比、反比、增加
11. 25
12. 抽样方法、抽样组织形式、抽样误差允许范围、被研究标志变异程度、置信度

（四）判断题

1—5 × √ × × × 6—10 × × × √ √

（五）计算题

1.

解：已知：$N=100\ 000$，$n=2\ 000$，$p=0.95$

不重复抽样：

$$\mu_p = \sqrt{\frac{p(1-p)}{n}(1-\frac{n}{N})} = \sqrt{\frac{0.95 \times 0.05}{2\ 000}(1-\frac{2\ 000}{100\ 000})}$$

$= 0.00482$

$= 0.482\%$

重复抽样：

$$\mu_p = \sqrt{\frac{p(1-p)}{n}} = \sqrt{\frac{0.95 \times 0.05}{2\ 000}} = 0.004\ 87 = 0.487\%$$

该纺织厂所产纱的平均抽样误差为0.487%（重复）（0.482%不重复）。

2.（1）解：

$$\bar{x} = \frac{\sum xf}{\sum f} = \frac{650 \times 10 + 750 \times 60 + \cdots + 1\ 100 \times 190 + 1\ 300 \times 60}{1\ 000}$$

$$= \frac{961\ 500}{1\ 000}$$

$$= 961.5$$

$$\sigma^2 = \frac{\sum (x-\bar{x})^2 f}{\sum f} = \frac{17\ 092\ 750}{1\ 000} = 17\ 092.75$$

或$\sigma^2 = \bar{x}^2 - (\bar{x})^2 = 941\ 575 - 924\ 482.25 = 17\ 092.75$

$\sigma = 130.739$

$$\therefore\ \mu_x = \sqrt{\frac{\sigma^2}{n}} = \sqrt{\frac{17\ 092.75}{1\ 000}} \approx 4.13,$$

$\because t = 1.64,$

$\therefore\ \Delta_x = t\mu_x = 1.64 \times 4.13 = 6.78$

∴ 平均使用寿命的置信区间：

$\bar{x} \pm \Delta_x = 961.5 \pm 6.78 \Rightarrow (954.72,\ 968.28)$（小时）

即有90%的把握程度认为这批零件的平均使用寿命在954.72至968.28小时。

（2）合格率$p = \frac{930}{1\ 000} = 93\%$

$$\therefore\ \mu_p = \sqrt{\frac{p(1-p)}{n}} = \sqrt{\frac{0.93 \times 0.07}{1\ 000}} \approx 0.008\ 07 = 0.807\%$$

$\therefore\ \Delta_p = t\mu_p = 1.64 \times 0.00807 \approx 0.0132 = 1.32\%$

$\therefore$ 合格率的置信区间：$p \pm \Delta_p = 93\% \pm 1.32\% \Rightarrow (91.67\%,\ 94.32\%)$

即有 90%的概率保证该批零件的合格率为 91.67%~94.32%。

合格品数量的置信区间：

上限=94.32%×10 000=9 432（件）

下限=91.67%×10 000=9 167（件）